Sylke Varga

𝕳𝖔𝖑𝖎𝖘𝖙𝖎𝖘𝖈𝖍𝖊𝖘 𝕯𝖊𝖘𝖘𝖊𝖗𝖙

Herstellung und Verlag: Books on Demand
GmbH, Norderstedt
1. Auflage 2008
© 2008 Sylke Varga
Alle Rechte vorbehalten.
ISBN: 978-3-8370-7038-5

Inhalt

Ein Frühlingsmärchen

„Och ja"!
Mit diesem Wonneseufzer reckte sich Mäusefräulein Ida ausgiebig ihre Glieder, als bereits die ersten warmen Sonnenstrahlen des Frühlings auf ihre seidene Pelzjacke fielen.
Sicher besaß sie nicht die vornehmste Garderobe unter den Vettern und Basen, aber wenn man es recht bedachte, so ließ sich gelegentlich schon Staat damit machen.
Das entsprach natürlich der ganz eigenen Betrachtung von Fräulein Maus und doch ließ sich ein würde- und hoheitsvolles Glänzen im Sonnelichte nicht aberkennen.
Es war einer dieser unsäglich glücklichen Momente im Dasein der kleinen Kreatur, die sich einfach nur am Strahlen ihres eigenen Wesens erfreute.
Auch wenn sich diese winzige Existenz fast am Rande der Bedeutungslosigkeit im großen Universum verlor, so war sich die junge Mäusin ihres Platzes in der Welt wohl bewusst.
Als erstes ging sie daran, alle Verwandten und Bekannter der näheren Umgebung im erwachenden Frühling willkommen zu heißen und ihnen eine besonders schöne Saison zu wünschen.
Gleich nebenan wohnte Maulwurf Rudi in seiner Behausung. Ihn wollte sie zuerst begrüßen. Doch leichter gesagt als getan.
Schon vor Tagen hatte sie heftiges Rumoren in seinen unterirdischen Wänden vernommen.

Die Hormone rebellierten offenbar bereits wild und Rudi konnte diesem Frühjahrsdurchbruche nicht widerstehen.

Zunächst machte sich der Gemütsstau in ungebremstem Übermut Luft.

Alle Nachbarn meinten nicht anders, als sei eben ein starkes Erdbeben ausgebrochen.

Da ihn alle kannten, stürzte man nun nach oben ans Licht, um die neu entstandenen Bergformationen zu begutachten.

Mit einem müden Lächeln verzieh man ihm sein Walten und machte sich nunmehr an die eigenen Geschäfte.

Das Mäuschen schickte Sir Rudi noch ein kurzes „Hallo", ehe dieser dann wieder im dunkelfeuchten Erdreich verschwand.

Man schätzte seine ansonsten stille, zurückhaltende Art.

Allerdings war Wühler Rudi auch nie in ein ausgiebiges Gespräch zu verwickeln, ganz zum Leidwesen von Mäusefräulein Ida.

Deshalb ging sie schnurstracks die heimatliche Wiesenlänge ab und traf hier richtig viele alte Bekannte.

Einige hart gesottene Gestalten, die den Winter stets an der Oberfläche verbrachten, waren schon länger zugegen.

So Frau Amsel mit ihrem Gatten, die sich eben gemeinsam daran machten, mehrere Behausungen für den Nachwuchs zu schaffen.

Diese sollten unliebsame Räuber, wie Elstern und Eichelhäher, von der eigentlichen Geburtsstätte ihres Nachwuchses ablenken.

Man tauschte ein paar Belanglosigkeiten aus und widmete sich dann wieder dem eigenen Lebenszweck.

Befriedigend war diese Konversationslänge auch nicht verlaufen. Mäusin Ida hätte sich so gern einen ausdauernden Gesprächspartner gewünscht. Bekanntlich werden die Dinge, die man sich von Herzen ersehnt, irgendwie wahr, eben früher oder später.

Man musste nur geduldig sein und fest daran glauben, schwieg sie und schritt weiter voran auf der warmen Blumenwiese.

Nun ja, die Blumen mussten erst noch wachsen, aber auf diese Kameraden war ja seit jeher Verlass gewesen.

Beäugte sie sich den kargen Rasen genau, ließen sich schon sachte erste Veränderungen wahrnehmen.

Für etwas farbliche Belebung hatte bereits der Huflattich gesorgt. Seine gelben Blütenkelche streckten sich emsig dem warmen Sonnenlicht entgegen.

Dass dabei der Blätterwuchs etwas vernachlässigt worden war, nahm er nicht so tragisch.

Es blieb schließlich noch ausreichend Zeit, dieses Geschäft zu erledigen, Hauptsache einen Platz an der Sonne sichern.

Ansonsten war der Huflattich recht bescheiden, er begnügte sich ganz und gar mit kargem Sandboden und machte das Beste und Schönste aus seinem Wesen.

Die Vergänglichkeit kümmerte ihn dabei wenig.
Seinen ganzen Ehrgeiz verlegte er ins Höhen-
wachstum.
Das war sicher berechtigt, denn auch andere
Pflanzen streckten sich alsbald kräftig nach allen
Seiten und eben gen Himmel.
Man kannte hierzulande zwar das Bestreben, sei-
nen Lebenszweck zu erfüllen, aber keinen ver-
nichtenden Ehrgeiz auf diesem kleinen Fleckchen
Erde.
Jedes einzelne Wesen hatte seine Zeit und nahm
diese bedeutungsvoll für sich in Anspruch.
Da war z.b. noch das zierliche Gänseblümchen,
welches mit seinen vielen freundlichen Gesicht-
chen in die Welt hinausblickte.
Obwohl es das Sonnenlicht liebte und ehrte, da es
ihm Leben und Dasein ermöglichte, fühlte es sich
doch mehr dem Monde zugetan und seinem wäss-
rigen Elemente.
Hier kannte man keinen Groll und zollte dem
Anderssein des Nächsten seinen Respekt.
Da ja bekanntlich alles nach universalem Plan
verfährt, verschwendete man auch keine überflüs-
sigen Grübeleien an das „Warum" der Dinge son-
dern genoss einfach das Sein.
Die kleinen Veilchen verströmten bereits ihren
betörenden Duft und unterstützten so die sich
allerorts regenden Frühlingsgefühle.
Fräulein Maus bedauerte nur die Sprachlosigkeit
dieser Zeitgenossen, wie gern hätte sie einen lie-
ben Partner zum Plauschen gehabt.
Trotz allem erfreute sie sich an den allgegenwär-
tigen Schönheiten der eigenen Heimat hier.

Weiter auf der Suche nach dem heimlichen Wunsche, entgingen ihr die täglichen Veränderungen nicht.

Jetzt wagte sich bereits der Wegerich zu Tage.

Auch er war, rein äußerlich betrachtet, ein sehr unscheinbares Geschöpf, besaß aber in seinem Innersten viel heilende Kraft.

Diesen besonderen Qualitäten war er sich jedoch nur allein bewusst.

Er bekam deshalb nicht etwa Anwandlungen von Stolz, sondern behielt sein Potential lieber für sich und lebte in friedlicher Gemeinschaft ohne Ansprüche zu stellen.

Mal erschien er mit breiten Blättern und dann bevorzugte er wieder schmale, ganz nach Plaisir.

Sie waren mit kräftigen Streben versehen und verliehen ihm dadurch eine große Stabilität. Geradeso wie das Gänseblümchen war auch der Wegerich robust und hart im Nehmen.

Begab sich ein großes unachtsames Huftier mit seiner ganzen Körperlast auf die oberirdischen Sprosse, so steckten sie diese Widrigkeiten des Lebens einfach weg und standen selbst nach heftigsten Schicksalsschlägen wieder auf.

Man verzieh seinen Peinigern, denn diese hatten ja nicht vorsätzlich gehandelt.

Zuweilen erforderte das von allen grünen Wiesenbewohnern reichlich Toleranz.

Denn so, wie sie eben ihre volle Lebensgröße erreicht hatten, wurden sie schon wieder von gefräßigen Mäulern abgegrast und verschlungen.

Selbst das gereichte solch' einem Pflanzenge-schöpf zur Ehre, denn es konnte ja jemandem zu Diensten sein.

In dieser angenehmen Gesellschaft waren auch längst die goldgelben Blütenkelche des Schar-bockskrautes entfaltet.

Es hatte immer etwas Liebes an sich, denn seine Blätter waren von „Herzen" grün.

Dieser Wiesenstandort am plätschernden Bache war genau nach seinem Geschmack.

Schon immer fühlte es sich dem Wasser zugetan und liebte die lehmige Feuchte an seinen Wurzel-spitzen.

Da konnte ihm auch die alte Weide, deren Blätter stets traurig zum Boden hingen, bei heftiger Son-nenhitze etwas Schatten spenden.

In diese Gesellschaft fügte sich prächtig der Beinwell mit ein, manchmal hörte man leise die kleinen roten Schellen im Frühjahrswind läuten.

Ihm zur Seite wuchs das Lungenkraut, es bevor-zugte wie sein Nachbar diesen feuchten Standort und gedieh prächtig.

So lebte man friedlich nebeneinander, begrüßte jeden Neuankömmling und wies ihm ein nettes Plätzchen zu.

Die Vogelmiere hatte sich bereits ein ganzes Stück Wiese okkupiert und war recht üppig ge-worden.

Mit ihren winzigen Samenkörnchen konnte sie manchem kleinen Vögelein zur Freude gereichen, was sie auch gerne tat, denn ihr Wesen war fried-voll und freigiebig.

Zur Brunnenkresse am Bachufer hatte sie ein kameradschaftliches Verhältnis. Es gab viele Gemeinsamkeiten.

Obwohl die Kresse ein heftigeres Gemüt besaß, in Form ihrer Blätter Schärfe, konnte man sich im Wesentlichen auf die Signatur des Mondes einigen.

Natürlich kam die Wirksamkeit dieses Pflanzeninnenlebens besonders bei abnehmendem Mond zum Tragen, da ließ sich so wirklich alles Giftige, besonders aus dem menschlichen Leibe gut entsorgen.

Diese Dienstbarkeit und Ehre bestätigte beiden ihr Dasein und erfüllte sie mit Glückseligkeit.

Man teilte dieses erhebende Gefühl mit vielen anderen Wiesengefährten, die gleich ihnen in erwartungsvoller Freude der kommenden Dinge harrten.

Für Mäusefräulein Ida indes fehlte eine gesellige Unterhaltung, denn so wirklich hatte sich noch kein Pendant gefunden, das ihre Seelennöte verstehen und lindern konnte.

Weiter auf der Suche traf sie immer neue Ankömmlinge in ihrem kleinen Lebenskreis.

Die Bienen summten bereits geschäftig umher.

Sie hielten sich jedoch nie lange vor Ort auf, gewiss wegen des steten Zeit- und Leistungsdruckes in Sachen Honigproduktion.

So verschwanden sie rasch wieder, gerade ebenso hurtig wie sie zuvor erschienen waren, um dann erneut aus den geöffneten Blütenkelchen die begehrte Ware zu schöpfen und einzutragen.

Wer konnte außer ihnen schon das scheinbar ziellose Hasten verstehen.

Da wirkte der Maikäfer mit seinem tiefen Gebrumm schon gemütlicher, gleichsam umgänglicher.

Doch der freute sich offenbar an all diesen irdischen Schönheiten lieber allein, denn man bekam ihn kaum in Gesellschaft zu Gesicht.

Bald würde auch er sie verlassen und sich von seinen kleineren Anverwandten, den Junikäfern, ablösen lassen.

Sie glichen ihm eigentlich sehr, nur erbrachten sie an Wuchsgröße etwa die Hälfte, kompensierten dies aber mengenmäßig voll und ganz.

Der alte knorrige Apfelbaum mit seinen zarten rosa Blüten konnte davon ein Lied singen.

Er erlebte alljährlich eine regelrechte Invasion, die sich allerdings genauso schnell wieder verlor und ihn nicht sonderlich beeinträchtigte.

Nur dieses überfallartige Getöse erschöpfte zuweilen das betagte Gemüt des alten Baumes.

Inzwischen hatten sich auch andere Geschöpfe dazugesellt, die ihren großen alljährlichen Auftritt sehnsüchtig erwarteten.

Dazu gehörten mehrere Mückenschwärme, die das feuchte Bachufer bevorzugten.

Ganz in ihrer Nähe hielten sich auch die Libellen auf. Sie schwebten auf glitzernden Schwingen lautlos über dem Wasser.

Wohl konnte man kaum etwas Grazileres weit und breit entdecken, als eben diese kunstvollen Segler.

Sie spiegelten das Sonnenlicht in ihren chiffonartigen Flügeln, so dass es einem diamantenen Funkeln glich.

Diese Meister der Täuschung erfreuten sich ihres Daseins, genossen das warme Sonnenlicht ohne ernsthaftere Absichten, außer dem erfreulichen Geschäft der Vervielfältigung natürlich.

Bald würde nun der glühende Sonnenball am westlichen Horizont untertauchen, um sich bis zum nächsten Morgen ein Ruhepäuschen zu gönnen.

Den weiten Himmel schmückte den ganzen Tag ein wundervolles Azurblau.

Es zeigte sich kein Wölkchen am Firmament.

So konnte man hoffen, diesen wundervollen Abend noch in geselliger Runde zu verbringen.

Schon bald würde es zur allgemeinen Kurzweil ein Konzert gegeben, dass Familie Frosch allabendlich gratis veranstaltete.

Ida, das Mäusefräulein, erfreute sich am bunten Treiben ringsum und doch wurde ihr ums Herze schwer, denn etwas Wesentliches war ihr bisher im Leben versagt geblieben.

Sie fühlte es ganz tief drinnen.

Noch war es nicht offenbar, aber sie machte sich für das Kommende bereit.

Weiter lief sie suchend umher und entdeckte hie und da ein paar Neuankömmlinge, so den roten Mohn und die blauen Kornblumen in ihrem prächtigen Blütenkleid.

Diese kraftvollen Rot- und Blautöne übersteigen jedes Farbverständnis eines irdischen Wesens,

gleichsam der Tiefe eines Regenbogens, einfach himmlisch.
Sie muss göttlich sein, diese Vollkommenheit, die die Sinne des Betrachters mit erquickendem Nektar speist.
Gerade hatte sich auch der Löwenzahn mit seinem gelben Kopfputz nach innen gekehrt, um nun seine ganze Weisheit und Erkenntnis in Form unzähliger Fallschirmchen der Welt zu vermachen.
So wie sich Ida eben dieser unsäglichen Vielfalt erfreute, begegnete ihr just das Spatzenkind Otto von der alteingesessenen Sperlingsfamilie.
Diese hatte sich drüben in der großen Weide in einer morschen Astgabelung Quartier gesucht.
Das kleine Kerlchen berichtete ganz aufgeregt von den zahlreichen Erlebnissen seines jungen Lebens.
Da hatte wohl auch Familie Reh im Walde Nachwuchs bekommen, ebenso wie die vielen Vogelfamilien im Umkreis.
Weiter weg erblickten gestreifte Frischlinge das Licht der Welt und Familie Langohr waren ebenfalls kleine Hasenkinder beschert worden.
Das Spätzchen sprach ganz aufgeregt von der großen weiten Welt.
Diese Neuheiten berührten unser Mäusefräulein Ida plötzlich so sehr, dass sie schnurstracks aufbrach zur Familie Frosch, um sich Rat einzuholen.
Auch dort hatte sich bereits reichlich Nachwuchs eingestellt, der sich, aus dem Wasser kommend, nun schon an Land bewähren musste.

Frau Frosch war gerade mit akuten familiären Obliegenheiten beansprucht, fand aber für das nette Mäusemädchen immer eine Minute Zeit.

Nun sprach sie zu ihr: „Du liebes Mädchen, es ist höchste Zeit, dass du dich nach einem Gemahl umschaust, und so wie unsereiner, allen deinen Kindern das Vorwärtskommen in der Welt lehrst".

Das leuchtete Ida ein, nur woher einen Liebsten nehmen?

Dafür wusste die lebenserfahrene Froschfrau auch keine sofortige Lösung.

Deshalb erbat sie sich ein wenig Bedenkzeit, um sich mit ihrem Manne zu beratschlagen.

Am nächsten Morgen zum Sonnenaufgang wollten sich beide wieder treffen, bis dahin hätte sie genügend Zeit gehabt, beim allabendlichen Froschkonzert zu entspannen und sich etwas Rechtes einfallen zu lassen.

Gesagt, getan. Ganz aufgeregt war Ida zum besagten Zeitpunkt wieder zur Stelle.

Jetzt hatte die Fröschin schon mit etwas aufzuwarten.

Sie schlug vor, alle Mieter der bunten Wiese mit in die Bräutigamsuche einzubeziehen.

So sollte alles beflügelte Getier in der Nähe Ausschau halten.

Selbst die Schwalbe, die sich schon langsam wieder Gedanken über ihre Reisevorbereitungen gen Süden machen musste, erklärte sich zur Soforthilfe bereit.

Sie trillerte kurz entschlossen alles was da kreuchte und fleuchte unterm Apfelbaum zusammen.
Dieser war natürlich von der Blitzaktion ebenfalls sehr überrascht.

Alle fanden sich umgehend zusammen und berieten über ein gemeinsames Vorgehen.

Zuerst erhielt der Bussard wegen seiner scharfen Augen die Aufgabe, Ausschau nach einem Mäusemann zu halten, natürlich unter der strengen Auflage, diesen, seiner Art gemäß, nicht sofort zu verspeisen!

Des Weiteren teilte man sich in vier Gruppen auf, eben für jede Himmelsrichtung eine.

Das Fußvolk startete zu ebener Erde. So ging's los.

Gruppe „Eins" erhielt als Vorhut den ehrwürdigen Vater Igel. Er bewohnte mit seiner Familie seit längerem dieses Territorium und ward von allen geachtet.

Zu ihm gesellten sich einige Vertreter der Spatzenfamilie, die Kohlmeise und das Rotschwänzchen.

Begleitet wurden sie noch von zwei Marienkäfern, einem Mistkäfer sowie der Schmetterlingsdame Citronella.

Regenwurm Willi versprach mal unterirdisch Ausschau zu halten. Sollte er auf Maulwurf Rudi treffen, würde er auch ihn um Mithilfe bitten.

Dieser stand im Verwandtschaftsgrad der Familie der Mäuseartigen einfach näher und Kommunikation ist ja bekanntlich immer wichtig.

Viel Hoffnung machte sich Willi jedoch nicht, da Herr Maulwurf stets sehr zurückgezogen lebte und inzwischen auch nicht mehr so stoßwütig war, wie eben noch vor einigen Wochen.

Trotz der Umgänglichkeit und seinem drolligen Äußeren hielt man Rudi-Maulwurf eher für einen Eigenbrödler, da er zu seiner Stummheit ja auch noch mit Blindheit geschlagen war.

Kompanie „Zwei" setzte sich aus dem Meister Langohr, der gerade seinen Osterrummel überstanden hatte, Grillenpärchen Zitzi und Mitzi, sowie dem Tagpfauenjüngling Friederich zusammen.

Sie alle wollten sich gemeinsam gen Süden aufmachen, nachdem man Abteilung „Eins" Richtung Osten entsandt hatte.

Nach Westen, da wo sich die Sonne am späten Abend neigt und ihren kleinen Bruder Mond wach küsst, damit er für ein paar Stunden Wache hält, sollten Marienkäfer Siebenpunkt, gemeinsam mit Schneckenmamma Rosalia sich auf die Reise begeben als Abteilung „ Drei".

Den flinken Biber Thunder beauftragte man damit, in seinem Wasserrevier gründlich nachzuforsten.

Sein Bach war übrigens in letzter Zeit recht angeschwollen.

Zum Einen, weil es des Nachtens mehrmals wolkenbruchartig geregnet hatte und zum Anderen, weil Herr Biber für sein Leben gern Holzdämme im fließenden Wasser errichtete.

Das betrieb er gewissermaßen hobbymäßig.

Erst fällte er die ufernahen Bäume, um daraus anschließend imposante Wasserbauwerke zu errichten.

Man bestaunte immer wieder auf's Neue die künstlerischen Ambitionen des Herrn Biber, der ja stets bescheiden geblieben war inmitten des einfachen Volkes.

Zu seiner guten Bekannten zählte er die Wasserschlange, sie sollte sich auch mit an der Suche des Mäusebräutigams beteiligen.

Allerdings versprach Thunder, diese nicht aus den Augen zu lassen, denn gleich dem Bussard, ist für sie ein Mäuschen ein leckeres Mal.

Die anderen stummen Bachbewohner, Forellen Muscheln und Krebse schienen für das geplante Unterfangen weniger tauglich, da haperte es ja schon an der Verständigung.

Die letzte Truppe, Numero: „Vier", sollte nun die nördliche Richtung erkunden. Das ist dort, von wo im Winter die eisigen Winde und die kristallenen Schneeflocken herwehen.

Davon war jetzt allerdings nichts zu spüren, im Gegenteil, der Sommer bereitete gerade seinen großen Auftritt vor mit ein paar mächtigen Hitzeattacken.

Doch man ließ sich deswegen nicht aufhalten und startete unverzüglich ins Feld.

Diesmal gesellten sich die Schwalbe, der listige Fuchs und das Seidenlibellchen im blau schimmernden Tüllkleid zueinander.

Den festlichen Aufputz fanden die Mitstreiter zwar ein bisschen übertrieben, aber es gehörte nun mal zur Lebensart einer Libelle sich stets vornehm zu kleiden.

Der Apfelbaum im verblassten Blütenoutfit und nun schon ergrünt, versprach noch schnell von oben die Übersicht zu behalten.

Das kam nicht von ungefähr, denn es gab ja einige Unsicherheitsfaktoren in der aufgestellten Mannschaft.

Deshalb hatte man sich vorsorglich zu Beginn dieser Operation die Unbedenklichkeit aller Teilnehmer eidesstattlich erklären und mit Pfoten- oder Krallenschlag besiegeln lassen.

Meister Reinecke hatte sich sogar in die Pfote gebissen, um mit seinem Blute zu bürgen. Er war manchmal eben etwas theatralisch.

Nun stand dem Vorhaben ja nichts mehr im Wege und die Zeit drängte auch bereits gewaltig.

Diejenigen mit den längeren Beinen und den kräftigeren Flügeln übernahmen jeweils die Vorhut, schließlich galt es ja ein ganzes Stück Weg zurückzulegen.

Die Vormittagssonne begann sich rasch bergauf zu arbeiten und hatte den Horizont schon ein ganzes Stück erklommen.

Diese Tageswanderung der Sonne ging natürlich mit einer tüchtigen Hitze einher.

Den Morgentau hatte sie bereits von den Wiesenblumen abgeschleckt und man sehnte sich wieder nach der erquickenden Kühle des Abends.

Daran war im Moment jedoch nicht zu denken.

Es herrschte helle Aufruhr unter der gesamten Wiesenbewohnerschaft.

Alles war auf den Beinen und hatte die, die noch gar nichts von alledem wussten, einfach mit sich gerissen im Eifer.

Man war bereits einige Quadratmeter vorangekommen und hatte alles haarfein durchkämmt.

Nach einiger Zeit jedoch machte sich langsam Unmut breit, denn die Stunden verstrichen und ein Ende war noch nirgends abzusehen.

Man musste also offenbar die Taktik ändern, um zum Ziele zu gelangen.

An dieser Stelle bezog man auch die blühenden Nachbarn auf der Wiese mit in die Suche ein.

Ein jeder wollte hilfreich zur Seite stehen.

Deshalb bekamen die Glockenblumen den Auftrag, aus Kräften zu bimmeln, falls irgendeiner etwas zu vermelden hätte.

Schließlich waren sie ja zahlreich über die ganze Wiese verteilt.

Ein weiterer vortrefflicher Einfall kam noch von der Froschbase Ulla.

Die hatte sich anfangs gar nichts aus dem Rummel gemacht, doch war sie jetzt, wie alle anderen im Handumdrehen vom großen Suchfieber ergriffen.

Ihrer Meinung nach konnte der wilde Hafer und Roggen, dessen Samen wohl einige Amseln mal mit etwas Anderem hier verloren hatten, ein paar ihrer fetten Samenkörner als Köder für den zukünftigen Mäusemann spenden.

Doch die frischen Getreidepflänzchen mussten ehrenvoll ablehnen, denn ihr schmackhaftes Korn war noch nicht ausgereift und damit wenig attraktiv für den zukünftigen Mäusegemahl.

In alle Himmelsrichtungen waren sie ausgeschwärmt, mühten sich eifrig, doch noch gab es keine Erfolgsmeldung zu verzeichnen. So würde man den Tag wohl bis zur Nacht verbringen können, resignierte bereits ergebnislos die gelbe Falterin Citronella.
Auch die anderen Tiere hatten ihre Bedenken, für Mäusemädchen Ida etwas ausrichten zu können.
Deshalb musste schnell eine neue Strategie her. Über die Feldpost per Glockenläuten, konnte man sich ja rasch miteinander verständigen.
Gesagt, getan. Auch die Mohnblumen versprachen durch rhythmisches Kopfnicken eventuelle Neuigkeiten weiterzumorsen.
Die Kornblumen, welche ja zu den einfachen Verwandten der Flockenblumen zählen, boten ebenfalls unkomplizierte Nachbarschaftshilfe an.
Meister Langohr entsann sich, einmal am alten Birkenstumpf, der sich ganz weit dort drüben hinter der dritten Bachwindung nahe dem Laubwald befand, vor langer Zeit ein Pilzmännchen gesehen zu haben.
Allerdings sei es damals schon fast Herbst gewesen.
Trotzdem wollte er in großen Sprüngen hinhoppeln und nachsehen.
Dort angekommen, entdeckte er den ihm bekannten Baumstumpf.
Dieser war seit seinem letzten Besuch noch ärger verwittert, jedoch schossen unmittelbar daneben frische kräftige Birkenreiser aus dem Boden.

Das gab Hoffnung und er suchte nach einem möglichen Eingang, doch die Erdwesen wissen sich gut vor neugierigen Augen zu schützen.

Er war schon mindestens siebenmal um den alten Stumpf gesprungen, als er beschloss, das Pilz- oder Heinzelmännchen, so genau wusste er's auch nicht mehr, anzurufen.

Mit Bedacht formulierte er höfliche Worte und sprach:

„Gnädiges Männlein, welches du das Erdenreich bewohnest und Freund aller Tiere und Pflanzen bist, bitte zeige dich einem ratlosen Feldhasen, der gern einer armen Maus helfen möchte."

In aller Demut sprach er diese Worte wieder und wieder, es waren wohl an die vierzig Mal.

Plötzlich bogen sich ein paar unscheinbare Grasbüschel zur Seite und er nahm ein kleines Wesen gewahr. Dieses war dem Langohr noch recht erinnerlich geblieben.

Das Pilzmännchen zeigte sich und sagte: „Eigentlich ist es für mich ja noch viel zu früh, denn als Birkenpilz kommt meine Zeit erst einige Wochen später, doch weil du mich so lieb darum bittest, bin ich jetzt hier."

„Sprich!" „Was ist dein Begehr?"

„Sieh, liebes Pilzmännlein", eröffnete der Hase, „die kleine Maus Ida, dort von der bunten Wiese, wünscht sich sehnlichst einen Bräutigam und alles was sich bewegen kann, ist bereits auf den Beinen."

„Weißt du vielleicht einen Rat?" „Schon gut möglich", antwortete das kleine Männchen verschmitzt.

„Schicke morgen früh, pünktlich zum Sonnenaufgang den Feenprinzen zu mir, er wohnt am äußersten Rande eurer Wiese in der großen dunkelvioletten Glockenblume."
Der Hase bedankte sich brav und verabschiedete sich von dem Pilzmännlein, denn dieses hatte ja eigentlich nach der Jahreszeitenuhr noch Ruhepause.
Die besagte Feenhoheit von und zur Glockenblume Campanula kannte unser Meister Langohr noch nicht und er hatte deshalb gleich etwas Muffensausen.
Doch es half nichts, sein nächster Weg führte ihn geradewegs dahin. Angekommen läutete er als einfacher Bürger an der untersten Glocke.
Im Innern tat sich was und er hörte ein zartes Stimmchen rufen: „Wer bittet um Einlass?"
„Oh, ehm, ich bin der Hase Langohr und möchte Euch in einer dringenden Angelegenheit sprechen, Herr Hoheit."
Da erschien plötzlich vor ihm das niedlichste Geschöpf, was er je gesehen hatte.
Es war die Feenprinzessin Floretta und lächelte ihn freundlich an.
Das nahm ihm etwas seine Ängstlichkeit und er berichtete von Ida sowie der Bitte des Pilzmännleins.
Auf leichten Flügeln umschwebte sie den Bittsteller und sagte: „Mein Gemahl ist eben ausgeflogen und kümmert sich um die Staatsangelegenheiten unseres Reiches."
„Da ich wohl sehe, dass du reinen Herzens bist, will ich ihm deine Bitte gern vortragen, wenn er

zurückkommt." „Ich bin sicher, dass er Euch nach Kräften unterstützen wird."

„Doch nun unterlasset jedoch bitte die Bimmelei im Glockenmeer, denn wir sind sehr zarte, feinfühlige Wesen."

Das versprach natürlich der Hase der Majestät und gab ihr noch die Adresse der großen Tierversammlung, aber diese kannte sie ja längst.

Es war oberstes Gebot der Feenwelt stets den Tier- und Pflanzenwesen hilfreich zur Seite zu stehen.

Meister Langohr kam ins Lager zurück und erstattete den Dagebliebenen Bericht.

Da war zum Beispiel der große Uhu, der kaum noch ein Auge offen halten konnte, denn sonst schlief er für gewöhnlich um diese Zeit.

Man beratschlagte sich sogleich über diese Nachricht und beschloss, alles Volk zurückzurufen und den morgigen Tag abzuwarten.

Das erforderte natürlich vom Mäusemädel die größte Geduld.

Man beschloss die Dinge heute noch mal ruhig zu überschlafen und dem zu harren, was da käme.

Die Meise hatte zuerst die Neuigkeit erfahren, denn sie war kurzfristig noch mal zurückgekehrt.

Sie erklärte sich bereit, alle Späher zurückzurufen. So geschah es dann auch und sie legten sich alsbald erschöpft zur Ruh'.

Keiner traute sich so richtig ein Auge zuzutun, um nichts zu verpassen, aber der Schlaf übermannte sie alle, vielleicht hatte ja sogar das Pilzmännchen seine Hand im Spiel?

Endlich brach der ersehnte Morgen an und der Feenprinz war schon dienstbeflissen auf dem Weg zum Birkenstumpf.

Als alter Bekannter brauchte er nicht lange zu warten und bekam sofort eine Audienz beim Waldgeist.

Man beriet sich und der Pilzmann schlug vor, nach der Mäusefamilie am drübigen Waldessaum zu sehen, die hatten seiner Meinung nach ein paar prächtige heiratsfähige Burschen daheim.

Da der Feenprinz beflügelt war und schneller vorwärts kam, machte er sich sogleich zu ihnen auf den Weg.

Familie Maus freute sich natürlich außerordentlich über diesen hohen Besuch und erklärte sich sofort für die Reise zur großen Blumenwiese bereit.

Schließlich wollten sie ja ihre Buben auch unter die Haube bringen.

Für den Marsch würde man schon eine Tagesreise benötigen und sie wollten deshalb gleich am nächsten Morgen in der Früh aufbrechen, um noch rechtzeitig vor Einbruch der Dunkelheit einzutreffen.

Die Nacht war ja auch nicht ganz ungefährlich.

Der Feenprinz flog zurück zum Pilzmännlein und überbrachte ihm diese Nachricht.

Er solle sich doch zusammen mit all den anderen auf der Wiese einfinden, sicher gibt es bald ein großes Fest.

Doch dieser winkte dankend ab und begab sich wieder zur Ruh', die Müdigkeit ermahnte ihn, dass seine Zeit noch nicht gekommen war.

Als nächstes sollten alle Bewohner der großen Blumenwiese informiert werden, was auch sofort geschah.
Es herrschte allgemeiner Jubel und man freute sich riesig auf die Neuankömmlinge.
Ida putzte sogleich ein paar ihrer unterirdischen Gemächer für die Gäste.
Die allgemeine Organisation der Festlichkeiten ward sofort besprochen.
Der besondere Abend rückte schnell näher und alle barsten bereits vor Ungeduld.
Schon vermeldete der dienstbeflissene Sperling das Eintreffen der Mäusefamilie am Wiesenrand.
Nun würde es wohl kaum noch eine halbe Stunde dauern bis sie einträfen.
Ida bürstete sich noch mal sorgfältig ihr Fell, sodass es golden in der Abendsonne glänzte.
Der große Augenblick kam als sich die Kornblume und die Mohnblume, welche ganz nah beieinander standen, zur Seite neigten.
Sieben nette Mäuse spazierten auf die große Tierversammlung zu und bedankten sich herzlich für die Einladung.
Das war zum Einen die Mäusemamma Ilse, Vater Augustin, Lilli das kleinste Mitglied der Familie, sowie deren vier Brüder Fredo, Nolli, Otto und Pommel.
„So, nun lassen wir den jungen Leuten erst mal Zeit sich zu beschnuppern", sprach die gute Ilse.
Das geschah dann auch.
Man verbrachte einen angenehmen, geselligen Abend in großer Runde, es war eben eine dieser romantischen Sommernächte.

Da bei den Mäusen die Partnerwahl nicht halb so kompliziert ist, wie vielleicht bei den Menschen, traf Ida im Einverständnis mit ihrem Auserwählten bereits noch am gleichen Abend ihre Entscheidung.

Sie fand zwar alle Buben sehr reizend, doch stand der Nolli ihrem Herzen am Nächsten und man sputete sich, die Hochzeitsvorkehrungen zu treffen.

Alle sollten dabei sein, die diesem jungen Paar zum Glück verholfen hatten.

Deshalb sandte man eine Blitzdepesche per Glockenblumenklingeling über die ganze Wiese.

Jeder wusste Bescheid und fand sich pünktlich zum Sonnenaufgang unterm Apfelbaum ein.

Dieser platzte bald vor Stolz bei soviel Ehre.

Er spendete zudem den nötigen Schatten für die Hochzeitsgesellschaft.

Ida hatte als Festschmuck ein Blumengebinde aus Mohnblütenblättern erhalten, was sie sehr gut kleidete.

Das Haupt des Bräutigams zierte ein kleiner Kranz aus Immergrün als Sinnbild für das währende Glück.

So verblieb man einen ganzen Tag zusammen, tollte, feierte und schlemmte zusammen die süßen Gaben der Natur.

Vor den Hoheiten aus dem Feenstaat machten alle einen Knicks, die dazu in der Lage waren.

Prinz und Prinzessin aber gaben sich recht volkstümlich und wollten nichts von Majestäten wissen.

Zum Schluss schüttelte sich der Apfelbaum noch einmal ganz kräftig, was vermischt mit dem Abendwind und etwas Phantasie so ein bisschen wie Hochzeitsmusik klang. Dazu zwitscherten alle gefiederten Gäste das Lied die Vogelhochzeit. Es war wohl das passendste Stück aus dem gemeinsamen Repertoire.

Auch für den Apfelbaum brach nun eine neue Epoche an, denn jetzt begannen seine Samen zu Früchten zu reifen.

Das Fest ging damit feierlich und würdevoll und zu Ende.

Der Ehebund ward unter vielen Zeugen geschlossen und alles freute sich auf die anstehende Familienerweiterung.

Für den Nachwuchs meldete bereits Familie Igel die Patenschaft an.

Kurzfristig beschloss man auch die Umsiedelung der Zuwandererfamilie auf die große Blumenwiese und baute deshalb noch ein paar Erdgänge weiter aus.

Fast wären dabei ein paar Wände von Maulwurf Rudis Bohrungen eingestürzt, doch das ließ sich im letzten Augenblick gerade noch verhindern.

Wie im Märchen klingen diese Dinge. Aber wenn du die Wiese unter dir mal ganz genau betrachtest, kannst du vielleicht den einen oder anderen Bekannten wieder entdecken.

Beachte jedoch, dass sowohl die Feen als auch die Erdmännchen sehr zurückhaltend sind und dem Menschenvolk eher aus dem Wege gehen!

Sprechen darfst du trotzdem zu ihnen, vielleicht erfüllen sie dir einen Wunsch.

Sei immer achtsam, wohin du deine Füße setzt, es könnte eben in diesem kleinen Pflänzchen eine Fee oder ein Erdgeist sein Zuhause haben!

Geheimtipp vom Pilzmännlein:

Die Luftwesen, Feen und Sylphen, auch Elfen suchen sich oft Unterschlupf in Glockenblumen und schützen sich so vor dem Regen, deshalb bitte nicht abpflücken!!!

Der Wald

Ruhe und Geborgenheit,
vermisse ich in dieser Zeit,
das ist es, was mich zu dir treibt,
in dein leuchtend grünes Kleid.

Ich fühle die guten Wesen,
wohnend in deinem Schutz,
behänd` zu Werke sie gehen,
bei Weiher- und Tannenputz.

Kann leider sie nicht schau'n,
beide Augen sind blind dafür,
Feen, Gnome und Faun,
weilen im Tannendufte hier.

Einst im Schutz der Träume,
sah ich aufleben die weite Flur,
Blumenelfen, Geister der Bäume
lächelten, oder träumte ich nur?

Die Wesen der nächsten Sphäre
wohnen ringsum hier überall,
möchten ihrem Volk nur Ehre,
auf unserm runden Erdenball.

Drum lobe und preise sie
für selbstlose Liebesdienste,
sie vergessen dir deine Liebe nie
und bleiben Vertraute aufs Engste.

Meister der Formen sind die Astralen,
verkörpern voll Stolz ihr Element,
kannst selbst ihr Antlitz dir malen,
Zauberei ist dieser Wesen Talent.

Sie kennen des Kosmos Gesetze,
achten, leben und lieben sie,
auf das jeder dieselben schätze,
und verachte dergleichen nie.

Ihr Reichtum ist das Wissen,
nur dem Höheren offenbart es sich,
darfst diese Wesen drum bitten,
denn zu respektieren sie lehrten dich.

Liebst und achtest du ihren Raum,
werden sie heimliche Begleiter,
später lernst du sie zu schau'n,
auch sie sind deine Wegbereiter.

Einmal sehn wir uns alle wieder
im großen, kosmischen Eins,
alle Wesen hoch und nieder,
endlich als Ganzes vereint.

Das Gänseblümchen

Der Frühling grüßt mit lauem Duft,
Riesenschritte macht das Kalendar,
eine Stimme tief von drinnen ruft:
„werde nun neuer Chancen gewahr!"

So stürme ich in die Welt hinaus,
zu suchen des Lebens wahren Sinn,
in großen Schritten auf Erkenntnis aus,
damit der Winterenge ich entrinn'.

Endlose Meilen legte ich zurück,
überquerte manchen Feldes Rain.
Bringt Ferne mir ersehntes Glück,
oder kann's ganz nahe bei mir sein?

So dacht' ich und ging vor mich hin.
Vielleicht ist es ganz winzig nur?
Bild für Friede und frohen Sinn,
erkenne ich des Lebens Signatur?

Eine Amsel traf ich am Wegesrand,
sie schüttete ihr Herze mir aus,
etwas Höh'res uns beide verband,
das Unbekümmerte hatte sie voraus.

Sie flog von dannen, ich sah hernieder,
erblickte ein winziges Blümelein,
es war ganz einfach und bieder,
wollt' selbst nicht prächtiger sein.

Ein Gänseblümchen sah zu mir auf,
grüßte mich freundlich und nickte,
holde Glückseligkeit kam in mir auf,
als ich dies kleine Geschöpf erblickte.

Es lehrt uns Bescheidenheit und Stärke,
trotzt den rauen Lebensstürmen all,
auch seine Heilkraft man bemerke,
bei tiefen Verletzungen, für den Fall.

Das frohe Gesicht hat mich beglückt
und ich danke für dieses Geschenk,
habe heute meinen Focus verrückt,
dieser frohen Begegnung eingedenk.

♣

Der Weg

Rastloses Wandern erfüllt dein Wesen,
die Suche nach Sinn und Zweck des Seins,
sollte sich eben Wunderbares ergeben,
oder ist es güldener Trug des Scheins?

So irrst du durch zahllose Äonen,
zu erfahren den wahren Grund,
noch ist kein Lichtlein zu spähen,
es gähnt ein tiefer dunkler Schlund.

Für etwas Erhellung des Dunkels,
ist der Preis harte Arbeit fürwahr,
ganz zart, gewahrst du ein Funkeln,
das Ziel erscheint zum Greifen nah.

Tausende Male erfuhrst du irdisches Sein,
unbewusste Reise in zahllosen Hüllen,
ehe sich offenbarte der lichte Schrein,
um dies Wesen mit Erkenntnis zu füllen.

Müh' und Plag' bleibt nicht unbemerkt,
das Punktekonto beginnt sich zu mausern.
Die Schwingung erhöht sich, ist verstärkt,
verdrängt nun das Zweifeln und Zaudern.

Die Matrix der Materie sich just entblättert,
gleich einer Zwiebel, dringt es zur Mitte,
eben die Denkstruktur war noch verheddert,
klärt sich nun zur Erkenntnis mit einer Bitte:

Endlich zu lüften den letzten Schleier,
Mensch beherrsche der Elemente Natur!
Das Rätsel gleicht einem Korb bunter Eier,
Henne oder Ei, was war am Anfang nur?

Mit Reifung der Seele und des Geistes,
sehnlichste Wünsche sich nun erfüllen,
plötzlich erfasst du ganz und weißt es,
ewigen Weisheitshunger zu stillen.

Dir erscheinen dienstbare Boten,
die die göttliche Vorsehung schickt,
Dankbarkeit, Demut sind geboten,
hast du einmal die Ursonne erblickt.

Nun geht das Schreiten noch schneller,
siehst plötzlich, was früher nicht war,
die Tage werden fruchtbarer und heller,
es lag immer vor dir, stets offenbar.

Man schickte dir einen Meister,
nach intensivem Bitten und Flehen
die Botschaft brachten gute Geister,
endlich, jetzt konnte es geschehen.

Nun bekommst du die Weisung,
den Fahrplan für die große Reise,
gearbeitet wird an der Reifung,
auf himmlisch göttliche Weise.

So lernst du zu beherrschen das All,
die Gesetze des Oben und des Unten,
erzeugst der Elemente Widerhall,
in Gehorsam, sie sind dir verbunden.

Zu befehlen sind nun die Geister,
sie erscheinen auf dein Geheiß,
denn du bist jetzt ihr Meister,
wie jedes dieser Wesen weiß.

Am Anfang war das Wort,
den Sinn gilt es zu ergründen,
kein geheimer, verborgener Ort,
mit Fleiß ist der Weg zu finden.

Erkannt, die Pforte der Endlichkeit,
dein Wort durchdringt die Universen,
Klang und Form trotzen der Zeit,
schöpfst fortan in Silben und Versen.

Fühlst dich berufen zum Heilen,
erschließe die Kunst der Alchemie,
es ist dies kein Weg zum Eilen,
Sorgfalt, sei des Heilers Ziel!

Erklimmst du höhere Oktaven,
jedoch glaube dich nie am Ziel,
es gibt noch unzählige Sphären,
des Wunderbaren endlos viel.

Gleißt der Stern des inneren Pfades,
der Wandersmann ist ewig erfrischt,
überwindet den Styx und den Hades,
warm erfüllt ihn das göttliche Licht.

Verschlossen die Rätsel des Außen,
verhüllt noch hinter großer Kunst,
Pflanzen und Metalle sollst du taufen,
erbitte dafür des Schöpfers Gunst.

Sind alle Hürden gemeistert,
schwingt sich der Geist empor,
die Isis ist nun entschleiert,
gereinigt der irdische Athanor.

Zählst selbst jetzt zu den Meistern,
erquickt, gespeist durch göttlichen Tau,
bist Lehrer jetzt Mensch und Geistern,
predigst Zuversicht und Gottvertrau'.

Dies höchste Ziel vereine alle Wesen,
der Erde Formung zum würdigen Platz,
damit endlich der Globus kann genesen,
für unsre Kinder und Enkel ein Schatz.

♣

Sommerlaune

Der Natur wachsen lautlose Schwingen,
Vibration liegt in des Sommers Glut,
beflügelt fühlt sich ein jedes Wesen,
dessen Same noch in der Blüte ruht.

Die Hitze wird alles entpuppen,
damit entschlüpft der wahre Kern,
das Kleid muss sich erst entschuppen,
um zu gebären einen neuen Stern.

Gesang der Vögelein nun verklingt,
gebracht ist die nächste Generation,
noch eine Schwalbe den Sommer besingt,
langsam sie rüstet für den Süden schon.

Ein jedes Wesen sich eifrig müht,
zu schöpfen neue Qualitäten,
wieder sein Konterfei erblüht,
in zahllosen neuen Varietäten.

Jedes Pflänzchen und Blumenkind
will erbringen reiche Ernte,
die Natur auf Niederkunft sinnt,
Früchte trägt nun das Gelernte.

Strahlenpracht entspringt der Sonnenglut,
verblasst ist längst der Blumen Meer,
der Herbst sich langsam rüsten tut
mit gedeckter Tafel zum Verzehr.

Noch sind Kräuter in großer Zahl,
für die jährliche Vorratskammer,
sammle geschwind den Gottes Rat
gegen Zipperlein und Winterjammer!

Kornähren hängen reif und träge,
der Birnenbaum biegt sich vor Last,
Mutter Natur sich gern zur Ruhe läge,
sie jetzt noch die Vollendung überwacht.

Wir freuen uns an der zarten Milde,
die sanft umschmeichelt die Haut,
sind doch über Vergängnis im Bilde,
schon ertönt klagend der Krähe Laut.

Die nächste Ära rasch zu Felde zieht,
bereitet ward' uns ein üppig Mahl,
des Sommers Hitze langsam flieht,
kühler Tau nun überzieht das Tal.

♣

Die Elemente

Das Feuer ist recht ungestüm,
hat Leidenschaft im Überfluss,
schnell wird es zum Ungetüm,
erschafft Leiden mit Verdruss.

Wenn die schwarze Chole überläuft,
wird der Mensch rasend, aufgebracht,
ihm sein marsisch Wesen überschäumt,
furchtbar sich die Feuerglut entfacht.

Des Wassers Wesen ist recht kühl,
dem Eise nahe, gläsern blau.
Nimm sparsam, nicht zuviel,
sonst schlägt es auf den Bauch!

Trägst kranke Hitze du in dir,
hol' Wasser gleich geschwind,
Dank sagt dir dein Leib dafür,
es sich kein bess'res Mittel find'.

♣

Mittler der beiden Kampfhähne
ist schlichtend das Element Luft,
unmöglich man Fusion wähnte,
als Brücke der Feuer-Wasser-Kluft.

Sein schwebend leichtes Wesen,
für Brust und Lunge elementar,
Merkur kann spontan genesen,
welch' Glück, Atem ist wieder da.

Die Erdensignatur birgt Schwere,
sie ist kalt und trocken wie Lehm,
dem Mittler gereicht es zur Ehre
als Bindeglied dazwischen zu steh'n.

Bein und Fleisch schöpft die Erde,
farblich mal grau, braun oder gelb,
geformt es zum Menschen werde,
als neues Tetragrammaton der Welt.

Das Akasha ist die Quintessenz,
erschaffen aus ihm all die Andern,
des Kosmos höchste Prävalenz,
allmächtig stets zu verwandeln.

Licht und Kraft es uns geschenkt,
der Herr schuf es für alle Wesen,
stets durch göttliche Kraft gelenkt,
kannst auch du im Akasha lesen.

Verstehe das Wirken der Gewalten,
in seinem tiefsten göttlichen Sinn,
so kannst du erschaffen Gestalten,
jetzt, immerdar und fürderhin.

Als Meister geläutert für alle Zeit,
kennst du die himmlischen Gesetze,
endlich ist deine Erkenntnis bereit,
diese du stets als das Höchste schätze!

♣

Die Gestirne

Sieben ist eine magische Zahl,
verrät das Weltenrätsel schlicht,
musst es begreifen allemal,
Oben und Unten sich dir erschließt.

Der **Mond** ist eine Frau,
gehört zum wässrigen Elemente,
merk dir die Luna genau,
sieh in ihr das weiblich Gelenkte!

Alle Gebrechen des Monats,
Geburtenzyklus und Hirn,
behandle mit Silber auf Vorrat,
damit zum Erfolg sie führ'n.

Merkur steht für ganz jugendlich,
gleich dem Knabenalter des Ten.
Eben, wenn es entwickelt sich,
das junge Bürschel zum Mann.

Unterm Gestirn wächst Pulmonaria,
das Lungenkraut uns heilig ist,
Schwindsucht und enges Asthma
unterstützt es wie ihr alle wisst!

Venus ist weiblich verführerisch,
Kupfer ihr begehrlich Metall,
schnell verfängst im Netze dich,
die Sinnlichkeit hat auch Qual.

Sind die Polaritäten sich einig,
kommt's zu keinem Ärgernis,
sonst dich der Unterleib peinigt,
hilft Schachtelhalm und Ononis.

Die **Sonne** ist ein leuchtend' Gestirn
hat Feuer im Blut und im Herz,
zeigt dir den rüstigen Lebemann,
bewegt sich grad dreißigwärts.

Wenn Herz und Augen dir versagen,
Bringe mit Gold die Pole ins Lot!
Brauchst nicht gleich daran verzagen,
hol' Digitalis und Iris mit ins Boot!

Mars zeigt den stattlichen Mann,
er ist jetzt erwachsen fürwahr,
hat Feuer im Blut, Mut und Elan,
die Erde mit seinen Söhnen versah.

Sein Leuchten strahlt feuerrot,
hitzig ist er, auch cholerisch,
Zügelung des Gemüts tut Not,
ehe seine Galle entleert sich!

Jupiter gleicht dem reifen Mann,
gesetzt, mit grauen Schläfen, attraktiv,
nun auf Erfahrung er bauen kann,
dank Zink nicht mehr so impulsiv.

Mit den Jahren kommt das Zipperlein,
die Leber drückt, der Magen auch,
gieß auf zum Tee paar Kräutelein,
Beifuß, Enzian reguliert den Bauch.

Des **Saturn**es Wesen ist gar hart,
bringt Kampf mit den greisen Zeiten,
es bleibt uns Vieles nicht erspart,
an gebrechlichen Alterszeichen.

Vorbei ist das stürmische Hasten,
der Körper zur Ruhe uns zwingt,
lehrt universale Gesetze achten,
Verstand nunmehr Reife erringt.

Jedes Gestirn nimmt seinen Lauf,
ohne Rücksicht auf Wollen und Tun.
Nimm die Lebenslehren in Kauf,
später bleibt Zeit zum Ausruh'n!

Mond, Merkur, Venus und Sonn',
die Hälfte ist schon geschafft,
noch Mars, Jupiter und Saturn,
dann ist das Lebenswerk vollbracht!

Bis zur großen Weisheit sollst du
noch zahllose Zyklen beenden,
ehe heller Geist erwacht im Nu
und Illusionen nicht mehr blenden.

♣

Ehe die Erde ruht

Ein Abschied liegt in der Natur,
raue Winde fegen durch die Flur,
die Farbe weicht aus den Blättern,
Herbst hat den Winter zum Vettern.

Dieser wird uns bald begrüßen,
sich mit weißer Pracht ergießen,
noch gibt es eine letzte Frist
bis es endgültig soweit ist.

Oktobertag hüllt sich in nasses Grau,
überreift ist der Wiesen Morgentau,
noch ist das Leben nicht erloschen,
doch des Jahres Fülle fast verflossen.

Bewohner der Wälder und Winde,
suchen sich Behausung geschwinde.
Da kommen die Vögelein klein,
um in menschlicher Nähe zu sein.

Sie hoffen auf reichliche Gaben,
um sich übern Winter zu laben.
Es ist ein unstet wuseliges Treiben,
unter denen, die im Norden bleiben.

Sie gereicht uns zur Freude,
kleine bunt gefiederte Meute,
die sprühet stets vor Lebensmut,
glücklich zu sein ist höchstes Gut.

Das Leben sollen wir achten wie sie
und bei Misserfolg verzweifeln nie.
Neuer Anfang ist im Ende verborgen,
das Heute ist die Chance von morgen.

♣

Ein Kranker

Mit Fug und Recht behauptet man,
der Mensch nur selbst sich helfen kann.

Leider wird nicht immer offenbar,
wo des Übels tiefe Wurzel war.

Hilfe braucht der Mensch geschwind,
auf das man ihm die Ursache find.

Zunächst befragt er seinen Arzt um Rat,
dieser just sein Bestmöglichstes tat.

Schickt den braven Mann zum Arztkollegen,
lässt ihn dort per Röntgen kurz zerlegen.

Da dieses Bild ihn nicht zufrieden stellt,
ist Herr X vorerst fertig mit der Welt.

Ein letzter Strohhalm kommt ihm in den Sinn,
ob Hoffnung noch ein Heilpraktiker bring?

Rasch überlegt und ausprobiert,
ist Herr X nicht sofort auskuriert.

Doch blinkt ein Lichtlein da am Horizont,
der Patient nun selbst kam auf den „Hund".

Erkennt sein Übel, packt 's kräftig an,
so haben alle Helfer ihr Werk getan.

Der kranke Mensch kann nun genesen,
versteht nicht mehr, was denn gewesen.

Mit dieser Schöpfung aus ureigener Kraft,
hat Mister X den Quantensprung geschafft.

Der Mensch im Irdischen ist sehr vergesslich,
seine Wahrnehmung nicht grad verlässlich.

Kennt nicht sein Ziel, auch nicht die Quelle,
drum ist's höchste Zeit, dass er wird helle.

Blieb dem armen Mann kein Lerneffekt,
hat die Krankheit gerade nichts bezweckt.

Melden wird sie sich wieder zum Verdruss,
bis Mensch erkennt, was er noch lernen muss.

Ist dann geheilt die Seele und der Leib,
herrscht wieder Einigkeit mit seinem Geist.

Kann wieder völlen nach Herzenslust,
vergessen ist der überstandene Frust.

Mann tut dies munter und heiter
über die kommenden Jahre weiter.

Genießt das Leben in vollen Zügen,
tut sich nicht mit weniger begnügen.

Vergangen sind `zig Jahre später,
erreicht ist nun das Alter der Väter,

da spürt man plötzlich im Gebein,
einen Schmerz, der ist zum Schrei'n.

Gestochen wie von der Tarantel,
beschließt man eilig Lebenswandel.

Chronisch sind schon die Gebrechen,
die heftig im Mark und Fleische stechen.

Zu spät kam die Erkenntnis dem Greis,
der spätestens jetzt es besser weiß.

Gibt nun den ganzen Erfahrungsschatz
weiter dem Enkel, doch für die Katz'.

Ihm rumort es kräftig in den Gliedern,
weiß seinem Balge nichts zu erwidern.

Es kommt daher ein kluger Mensch,
will ihm was raten, Gott vergelt's.

Muss seine Worte befolgen nun,
der Kranke soll reichlich dafür tun.

Lieb geworden war die Bequemlichkeit,
Bewegung wird jetzt sein Zeitvertreib.

Anfangs geht es schwer und behäbig,
doch Freude entsteht, wenn er ist tätig.

Auch die Speise wird etwas karger,
man bevorzugt die Kost etwas mag'rer.

Geduldig geht man Schritt für Schritt,
bis Besserung greifbar in Aussicht ist.

Das Alter uns nicht hindert am Lernen,
lasst fröhlich den Geist ausschwärmen!

Damit das Leben wird ein frohes Spiel,
sei Weisheit einem Jeden oberstes Ziel.

Die Seele freut 's und auch den Leib,
wenn Jugend beiden erhalten bleibt.

Menschliches Wesen ist zeitenlos,
Geist formt die Materie schwerelos.

So laben den Körper Säfte der Jugend
auch ewiglich bei holder Tugend.

Für alle Dinge erlerne das rechte Maß,
so bleibt bis ins Alter der rechte Spaß.

Ohne Zipperlein und Wehgeschrei,
goldene Lebenszeit geht nie vorbei.

Die Jahre fließen in reger Tätigkeit,
bis der rechte Zeitpunkt ist soweit.

Dann planen wir bereits das nächste Mal,
vernünftiger noch, ganz ohne Qual.

Diese Erkenntnis führe den Kranken,
er entledigt sich selbst aller Schranken.

Ist glücklich, erfüllt sein Lebenszweck,
gesunde Seele und Geist im Köperversteck.

Dies Haus zu pflegen ist unsere Pflicht,
sonst erweist es uns den Lebensdienst nicht.

Spürbar für jeden, der dies nicht hört,
wenn schwacher Wille ihn grad betört.

Drum walte von allem Anbeginn
Vernunft im jungen Menschen hin.

Die Suche nach seinem eignen Wesen,
soll Sinn dem weiteren Leben geben.

Erkannt die klare Wirklichkeit,
dient die Unendlichkeit zum Verbleib.

Hier ist genesen der Geist und seine Hülle
alles gehorcht, Befehl ist des Besitzers Wille.

Bis dahin strebe der Mensch genügsam,
so ist ihm sein Leib dienstbar und fügsam.

Das Dasein ist ohne „Weh" und „Ach",
glücklich und wohl wird erlebt jeder Tag.

Erwachender Keim

In einem kleinen Samenkorn
ruht des Lebens großer Wille,
strebt ganz mutig jetzt nach vorn
aus sanfter, tiefer Wiegenstille.

Noch kann er nichts erahnen,
ein wenig wird's ihm bange,
müßig ist nun alles Planen,
man fühlt sich in der Zange.

Neugier endlich siegen wird,
die Schale langsam bricht,
er glaubt, er hätte sich verirrt,
weil vorerst noch im Dunkeln sitzt.

Die Erde kalt und feucht,
empfängt das kleine Wesen,
es wird schon warm, ihn deucht,
sicher scheint der Sonne Segen.

Der Winzling stürmt nach oben,
zu schauen den glühenden Ball,
am fernen Firmament da droben,
urgeboren im tosenden Knall.

Endlich ist es geschafft.
Die Erde gibt gütig nach,
dem kleinen Sprosse tagt's,
er ist plötzlich ganz hellwach.

Zu begrüßen alle Gefährten,
versammelt im Kreise herum,
sie winken mit lieben Gebärden,
begleitet von Bienengesumm.

So dauert es bis zur Entfaltung
ein paar wenige Tage noch,
man dient der Arterhaltung,
übernimmt sein Lebensjoch.

Möchte groß und prächtig sein,
das neugeborene Pflanzenkind,
eben wie die Geschwisterlein,
träumt es und wiegt im Wind.

Die Vollendung muss noch warten,
der Dinge harren und üben Geduld,
ein treuer Diener in Gottes Garten,
bereit zu leben in Liebe und Huld.

Die Stunden sind knapp bemessen,
Jahreszeiten kommen und geh'n,
unser Keim hat nicht vergessen,
nach der inneren Uhr zu seh'n.

Schon ist er aufgeschossen,
trägt Blätter in sattem Grün,
der Entwicklung aufgeschlossen,
will prachtvoll in Bälde erblüh'n.

So lacht und lockt die Sonne,
unserm Pflanzenjüngelein,
erblickt ihn mit süßer Wonne,
er will sogleich erwachsen sein.

Der Morgenröte erster Glanz,
brachte hier farbige Enthüllung,
erwachsener Pflanzenmann ganz
in zarter blumiger Entrückung.

Sucht rasch ein weiblich Wesen,
zu verirdischen sein eigen Bild.
Es ist eine schöne Zeit gewesen
und man hat gelebt wie wild.

Der Lebensauftrag ward erkannt,
man gab neuen Seelen Raum,
zum Nachfolger rasch ernannt
ein neuer Zweig im Lebensbaum.

Das große Kommen und Gehen
ist aller Geister Weltenziel,
sollst deine Winzigkeit versteh'n
im gemeinsamen Lebensspiel.

Reife bis zur wahren Größe
im endlosen Äonentakt,
setz dem Ziel feste Maße,
erfülle den göttlichen Kontrakt!

Einmal schaust du zurück,
erkennst dich selbst nicht mehr,
empfindest nur noch holdes Glück,
es verlässt die Seele nimmermehr.

Gelangst so zum Ende der Gezeiten,
gereinigtes Wesen kristallen klar,
fühlst als Heim kosmischen Weiten,
geborgen in Gottes Schoß wunderbar.

Fridolin

Der Lenz gerade gegangen war,
eben zur lauen Maienneige,
der Juni uns den Sommer gebar,
damit er seine Schätze zeige.

Die Luft erfüllt vom Blumenduft
und zahlloser Vögelein Gesang,
noch hab ich's nicht gewusst,
welch' Schicksal lag in diesem Klang.

Morgentau und frischer Gräserduft,
ein Gänseblümchen nickt mir zu,
wer ist's, der leise nach mir ruft,
entschwunden sind Bilder im Nu.

Halbzeit hat schon der Juno,
die Fülle ist prächtig zu schau'n.
Vogeleltern bemühen sich froh,
zu geben dem Nachwuchs Raum.

Ein Mädchen aus der Schule kommt,
freut sich übern Sonnenschein,
als plötzlich leise sie vernimmt,
ein herzzerreißend Wimmerlein.

Schaut herum geschwind,
nach oben und nach unten,
entdeckt ein armes Vogelkind
am Boden ganz zerschunden.

Hebt's auf und trägt es fort mit sich,
nach Hause und bringt es mir,
damit ich helf' dem kleinen Wicht
und ihn behalt in Fürsorg' hier.

So nahm ich an dies Gottesgeschenk,
liebte es von ganzem Herzen sehr,
hoffte, bangte, dass es sich einrenk';
kleine, winzige Glieder schwer.

Zuerst bekam es Kräutersud,
die Lebensgeister regen sich,
noch ist gar nichts wieder gut,
doch langsam wächst sein Ich.

Dann seh' ich in zwei Äugelein,
die voll Hoffnung zu mir schau'n,
hast geholfen schon groß und klein,
musst auch mich wieder aufbau'n!

Ich bin doch noch so jung,
habe nichts erlebt und geseh'n,
gib mir ein bisschen Schwung,
damit ich kann wieder geh'n!

Von Stund an ging's nun bergauf,
das Kerlchen war hungrig für zwei,
viel gab's auf den Löffel drauf,
vom leckeren, süßen Hirsebrei.

Vier Tage sind schon verstrichen,
der Kleine berstet vor Ungeduld,
ist mir nicht von der Seite gewichen,
wir wagten den ersten Flugversuch.

Noch unbeholfen im grünen Garten,
ging es kriechend und hopsend voran,
die Höhenflüge müssen noch warten,
maßregle ich den jungen Mann.

Erschöpft von aller Tagesmüh',
sucht er Nähe und Wärme bei mir,
legt in meiner Hand sich zur Ruh',
seine Träume bewache ich hier.

Das Kind wird langsam flügge,
Fernweh meldet sich stark,
sicher macht er bald 'ne Fliege.
Schwermut überkommt mich arg.

Nach sieben Tagen ist es soweit,
Fridolin strebt hinaus in die Welt,
das Herze laut was And'res schreit,
das Schicksal für uns zwei ist bestellt!

Ein Sonnentag empfängt den Helden,
hurtig startet er ins weite Feld,
will der ganzen Welt vermelden,
er schafft es allein auf sich gestellt.

So sei es, ich geb' ihm den Segen,
erfahre den bess'ren Teil der Welt!
Liebe, Sonne, Wind und Regen,
deine Seele hat meine erhellt.

Wehmut bleibt zurück im Herzen,
lastet schwer auf dem Gemüt,
es dauert von Juno bis Märzen,
ehe Frühlingssonne neu erglüht.

Was wird die Saison wohl bringen,
frage ich den lauen Säuselwind?
Stimme verhallt mir wie ein Klingen,
Abendhimmel schickt ein Sternenkind.

Hoffnung steckt in der Brust,
wenn's doch was Besond'res wär',
bedaure noch des Kameraden Verlust,
ersehne mir heimlich eine frohe Mär.

Manche Wünsche werden erfüllt,
des Herren Ohr ist immer offen,
geheime Sehnsüchte schon gestillt,
allen denen, die beständig hofften.

Ein Sonnentag macht es offenbar,
Unruhe erfasst das innerste Wesen,
die Vorsehung war gnädig fürwahr,
schickt Fridolin, nun schon genesen.

Kleiner Erlzeisig stellt sich vor
und setzt sich bei mir hernieder,
die Welt ihn unlängst neu gebar,
nur putzt er das vertraute Gefieder.

Er kam mich zu grüßen hierher zurück,
dankte lieb und sah sich noch mal um,
wir hatten ein gemeinsames Wegestück,
für ihn Lebensglück, gleich post partum.

Frühlingserwachen

Ein Hauch von zartem Blütenduft
schwebt über jungfräulicher Natur,
kleine Meise einen Liebsten sucht,
ringsum herrscht Lebensfreude pur.

Es ist ein seltsam stilles Raunen,
man hört es kaum im Säuselwind,
überall, ob dieser Herrlichkeit Staunen,
für solche Pracht ich keine Worte find'.

Die Magnolie entfächert ihr zartes Gewand
in Nachbarschaft der gelben Forsythia,
rasch der letzte Wintergruß verschwand,
Osterglocken bringen Frühlingsgrüße dar.

Ein Vogel vom Kirchturm zwitschert munter
als wollte er grüßen die große, weite Welt,
die Farben ringsum werden immer bunter,
der Sonnenmann die ganze Welt erhellt.

Libellen tanzen Frühlingsreigen
über kristallen funkelnder Flut,
ihr Chiffonkleid glänzt ganz seiden,
sie frohlocken vor Glück und Übermut.

Kleiner Bach rauscht mit neuer Melodie
nachdem des Winters Kruste brach,
er plätschert behände wie noch nie,
im Rhythmus des ewigen Almanachs.

Der kühle Grund erwärmt sich nun,
Tage wachsen und werden länger,
Gottes Wesen schätzen sich fortun
rücken in Liebe füreinander enger.

Leise hört man es bimmeln
ganz behutsam von unten her,
schellend wie kleine Zimbeln,
so zart ertönt ihr Glockenmeer.

Es öffnen sich die Glockenblumen,
und laden zum Nektarschmause ein,
Bienen und Hummeln verstummen,
zu genießen die duftenden Leckereien.

Langsam wird es rege im Revier,
auch Herr Langohr hat schon gerüstet,
denn das Osterfest steht vor der Tür,
bunte Eier sind verpackt und gelistet.

Frau Tulpe entblößt ihr rotes Kleid,
stolz trägt sie die geliehene Pracht,
Blütenexzesse weit und breit,
der Natur Zauberwesen erwacht.

Das Reh erfreut sich am zarten Grün,
gar köstlich sind die frischen Sprossen,
jetzt, wo alle Pflanzen neu erblüh'n,
wird auch gern lukullisch genossen.

Rittersporn wetteifert mit Eisenhut,
wer wohl der Prächtigere von beiden sei,
vor falscher Eitelkeit sei auf der Hut,
denn alles ist vergänglich, panta rhei!

Wir freuen uns an azurblauen Blüten,
zuweilen auch dunkler geheimnisvoll,
vor dem Eisenhut muss man sich hüten,
besonders die Knolle ist mit Gifte voll.

Ist es die laue sanfte Brise,
die unser Gemüt umfließt,
die herrlich bunte Blumenwiese
oder der Seele Keim, der sprießt?

Hülle und Fülle im Jahreskreis
lässt unsere Augen übergeh'n,
der Vollkommnis ein Beweis,
nicht vom Verstande zu versteh'n!

Der alljährlich entzückende Zauber
sich wohlwollend über uns mäntelt,
an die ewige Lemniskate glaub' er,
die Seele mit der Religio anbändelt.

Das Auge darf zehren von der Fülle
und sich erfreuen am irdischen Fluss,
es ist der große göttliche Wille,
das alles seine Zeit haben muss.

So nehmen wir dankbar die Gaben,
säen Frühlingssonne in unser Herz,
sind kurz unseren Zweifeln erhaben,
gerichtet wissender Blick himmelwärts.

Tiefe Erkenntnis ums Werden und Vergeh`n,
Waage zwischen Bängnis und Glück,
wohl dem, der weise konnt' es versteh'n,
immer selig und in Dankbarkeit verzückt.

♣

Gänseflucht

Nur Tage bis zum Weihnachtsfest,
ich schritt sinnend vor mich hin,
traf eine Gans mit ihrem Lebensrest,
als sie eben übern Dorfanger ging.

Hab mich gewundert, sonderbar,
grauer Federputz sie schmückte,
ward der Situation nicht gewahr,
ob der Ausbruch ihr was nützte?

Ein paar milde Tage jetzt,
dachte ich und gab den Segen,
arme Gans zu Tode gehetzt,
„oh", tät sie's doch überleben!

Wünschte ich dem armen Tier,
sie war recht unentschlossen,
wackelte von da nach hier,
die letzten Stunden flossen.

Ob sie ihr Schicksal wusste?
Arme Seele fern ab vom Weg,
der Gehsteigpassant Auguste,
Ballanceakt auf dem Lebenssteg?

Ich wünschte ihr Mut und Glück
auf gefahrvoller Wanderschaft.
Kehre nie wieder hierher zurück
in der Menschen Machenschaft!

Der Besitzer schon unterwegs,
zu nehmen ihr das Leben klein,
hoffentlich wird, so Gott geb's,
verschont das graue Gänselein.

Ich sann über dies Schicksal nach,
vielleicht entdeckt sie den Süden?
Macht flugs sich auf nach Sansibar,
und lebt fortan glücklich in Frieden.

Zu wünschen wär' ein Happyend,
mit Sonne, Strand und blauem Meer,
doch muss sie entscheiden sich behänd',
wenn sie will vom Leben noch mehr!

Viel Unbill beschert das Zögern,
wie wir Menschen wissen genau,
wenn man sich nicht will ärgern,
handelt besser gleich, das ist schlau!

♣

Angelica archangelica

Angelica ist ein himmlischer Vertreter,
vereint das Paradies mit der Erde,
göttliche Pflanze der Mütter und Väter,
auf das Unten gleich dem Oben werde.

Ihre Heilkraft schwingt in lichten Sphären,
und ebnet uns den steilen Weg zum Ziel,
lasst uns mit ihr den Schöpfer ehren,
dessen irdische Gaben so unendlich viel.

„Acht" ist der Code der Unendlichkeit,
gut behütet als chymisches Geheimnis,
die Erkenntnis liegt in der Einfachheit,
wohl getarnt dies pflanzliche Gleichnis.

Geburtstagsgrüße entbietet sie der „Acht",
die Engelswurz mit ihren stattlichen Dolden,
als Festgabe sie die Himmelsleiter gebracht,
ihr strahlend Antlitz, es dünkt uns golden.

Zärtlich kost sie den wunden Magen,
der stetig allen Unrat schlucken soll,
auch der Darm kann's nicht ertragen
und zollt 's seinem Besitzer mit Groll.

Ist des Lebens Süße zart angebittert,
das Pancreas bekennt sich schuldig,
Angelica nun den Diabetes wittert,
kuriert Magen, Galle, Darm geduldig.

Mit ihrer sanften Engelsgüte
sie der Nerven Unrast glättet,
wohl des Menschen Schlaf sie hütet,
wenn er zur Nachtruh' ist gebettet.

Sie hilft noch gerne hier und da,
reguliert das Wallen der Hormone,
da man sie mit Engelskraft versah,
vergehen diverse Leiden selten ohne.

Drum suche dir die Engelswurz,
besonders in nördlichen Gefilden,
feste Erdenbasis verhindert Sturz,
gerade wenn sich Flügel bilden.

♣

Geometrischer Wirrwarr

So vieles uns verborgen bleibt
bis der letzte Tag sich neigt.
Manches dafür klipp und klar
wird uns vorher offenbar.

Rund ist die Erde gleich ihrer Trabanten,
kluge Köpfe es zur Wahrheit ernannten.
Alles erkannt und für immer entdeckt,
doch ist die Tücke im Detail versteckt.

Die Dinge sind nicht nur so zum Schein,
vielmehr noch: Charakter unseres Sein.
Hast du erkannt die sieben Sphären,
lässt sich Erkenntnis daraus gebären.

Es liegt viel tiefer ein edler Sinn,
inmitten der ganzen Menschheit drin.
Kugeln oben und unten noch mehr,
im Menschen selbst, ein atomares Heer.

Geordnet die Hierarchie in Dreifaltigkeit,
GOTT Vater, Christus und heiliger Geist.
Das Dreieck als Symbol mit Gewicht,
siehst du bei Drehung im wahren Licht.

Zeigt zwei Pole oben spitz und unten,
hast Männlein und Weiblein du gefunden.
Beides vereinigt als ein Hexagramm,
Salomons Siegel, Schutz für jedermann.

Das Fünfeck ein Zeichen der Macht,
kraftvoll Dämonen und Geister bewacht.
Zeigt das Pentagramm spitz nach unten,
sind böse Geister persönlich gebunden.

Das Quadrat will sich nicht reihen
in die sonderbare Geometrie hinein.
Sieh! Das Gegenteil ist hier der Fall.
Die Elemente beweisen es allemal.

Feuer, Wasser, Luft und Erde,
dass alles rasch lebendig werde,
beherrschst wie Gott die Elemente,
sind Leiden und Schmerz zu Ende.

Kannst schaffen, schöpfen und mehr
als ob dein Wille zwingend wär'.
In steter Achtung vor dem Herrn,
sieht dieser dein Wirken gern.

Vereine geometrische Formen,
verlasse die irdischen Normen!
So erschließt sich, jeder weiß es,
die edle Quadratur des Kreises.

Bist du geworden ein Meister schon,
erschaffe dein eigen Tetragrammaton.
Zu entwirren die heilige Geometrie,
großer Geist, kamst du zur Erde hie.

So viele Male gerungen und gehofft,
hast du am Ende dein Ziel geschafft.
Ward die Seele erst licht und klar,
bleibst du ein Meister immerdar.

♣

Geschwisterliebe

Einst wagte ich den Schritt ins Leben,
beladen mit schwerem Reisegepäck.
Es ward mir keine Einsicht gegeben,
in den angestrebten Lebenszweck.

Dienstbare Seelen waren stets zur Stelle,
zu beruhigen mein brausendes Gemüt,
eine weise Wahl, offenbar ganz helle,
hier man sich rührend um mich bemüht.

Zwei liebe Wesen genasen Priorität,
die Aufgaben waren einfach und schlicht,
mich gut zu versorgen von früh bis spät,
denn ohne Luxus geht das Leben nicht.

Ein kleiner Mensch kam zu mir her,
besuchte mich neugierig bisweilen,
er zählte schon einige Jahre mehr
und pflegte bei mir zu verweilen.

Sein Status war mir nicht bekannt,
ich fand ihn amüsant umgänglich,
seine liebe Art war's, die verband,
spürbar für immer, von anfänglich.

Die Idylle blieb nicht ungetrübt,
mit wachsender Zahl an Jahren,
friedlicher Quell nur kurz versiegt,
inmitten von pubertärem Gebaren.

Nichts ist von endloser Dauer,
Krisen besiegt die Vernunft,
Leben als bitterkalter Schauer,
birgt nicht wahre Lebenskunst!

So nahm ich an diesen Gefährten
als treuen Begleiter auf die Reise,
Dissonanzen nie lange währten,
jeder war siegreich auf seine Weise.

Viele Lektionen erteilt das Leben,
wenn sich der Bürde Inhalt entleert,
Kameraden sollen Zuversicht geben,
wenn scheinbar alles läuft verkehrt.

Enger Vertrauter in großer Not,
starke Stütze im wütenden Sturm,
neu ausgerichtet das gemeinsame Lot,
als gebündelte Stärke in höchster Form.

Die tiefen Bande sind diskret verhüllt,
durch nichts in der Welt zu entschleiern,
mit Erkenntnis wird Wissensdurst gestillt,
kann nun den Lichtblick dankbar feiern.

Bruder und Schwester sind sich sehr nah.
Kein andrer kann je das Wasser reichen,
mit kosmischen Zwirn man beide versah,
die Rechnungen des Lebens zu begleichen.

Wir entstammen einer großen Familie,
mit kunstvoll verschlungenen Seelen,
diese Liebe gleicht einer weißen Lilie,
lichtvoll dies irdische Los zu bestehen.

Des Rätsels Lösung lag auf der Hand,
immer schwebte es klar vor Augen,
es konnte nicht erfassen der Verstand,
was zur Erklärung hätt' können taugen.

Nun geworden um einiges reifer,
erkennen wir geniale Verstrickung,
die Kommunikation aller Seelenleiber
erleuchtet nebst frischer Erquickung.

Des Lebens Sinn liegt in der Einheit,
und diese zu achten als ein Geschenk,
das Partikel mit beschränkter Freiheit,
seine Geschicke nicht selber lenkt!

Sei dankbar für all deine Begleiter,
in dieser und den übrigen Sphären,
sie helfen auf allen Wegen weiter,
die kostbare Erfahrung zu mehren.

♣

Gottes Apotheke

Für alles uns ein Kräutlein wächst,
der Herr sprach es und segnete,
der Heilkunst die Krone aufgesetzt,
kein Mangel uns je begegne!

Mit „A" beginnt Achillea,
für jede Frau ein „Muss",
Beschwerden in der Blase gar,
bereite Scharfgarbeninfus!

Das Arnika sehr wichtig wohl
für jedes deiner Zipperlein,
frisch es aus den Bergen hol',
ein Vorrat sei immer daheim!

Aconitum ist ein stürmischer Geselle,
verlockend in seiner blauen Zier,
rasch nimm ihn im Erkältungsfalle,
doch winzige Dosis, das merke dir!

Prächtiger Sturmhut läd uns ein,
an seiner Seite sanft zu träumen,
birgt viel Gift in seiner Hülle fein,
lasst uns Sorgfalt nicht versäumen!

Bellis, das Gänseblümelein
hilft dir bei tiefem Schmerz,
für Knochenbrüche setz es ein
und bei Liebesleiden am Herz!

Belladonna ist eine schöne Maid,
vor ihrem Zauber sei auf der Hut!
Öffnet sie erst die Augen weit,
ist der Todesengel versucht!

Chelidonium ist ein Leberkraut,
zu dosieren eine feine Kunst,
nur mäßig davon aufgebraut,
vermittelt es dir seine Gunst!

Convallaria ist's Maiglöckelein,
die roten Beeren sind giftig gar,
trägt kleine weiße Röckelein,
als sein duftendes Accessoire.

Drosera heißt der Sonnentau,
reagiert heftig von Gemüte,
sein inn'res Wesen borstig rau,
lindert Husten er sanft mit Güte.

Fingerhut ist ein Herzensgold,
an Wärme und Heilkraft reich,
bei Schwäche ist's dem Herzen hold,
das Gottesgeschenk für alle gleich.

Echinacea, genannt der Sonnenhut,
rot, blass oder schmal von Wuchs,
hilft besonders bei Infekten gut,
kein Leiden wird so zur Crux.

Equisetum, der Schachtelhalm
besitzt des Saturnes Signatur,
birgt viel Härte in seinem Halm
hilft spröden Knochen, nicht nur.

♣

Fucus vesiculosus, der Blasentang
riecht übel und schmeckt nicht gut,
er treibt den Meeresboden entlang
und macht kranker Schilddrüse Mut.

♣

Fumaria ist der Erdrauch mein,
gut für Darm und Magengebrumm,
trägt Kraft in seinen Blüten fein,
gepriesen oft als Spasmolytikum.

Galium odoratum steht für Harmonie,
Herr Waldmeister gibt dir seinen Segen,
er entspannt das Gastrinum wie nie,
Heilkraut für Darm und kranke Mägen.

Ginkgo ist für Gehirn und Nerven gut,
eben wenn's schon beginnt zu rieseln,
dem Gedächtnis es einen Gefallen tut,
damit's nicht erst anfängt zu krieseln!

Humulus ist der Hopfen mein,
steht für Verwurzlung mit der Erde,
hat Phytoöstrogen für's Weibelein,
damit es fruchtbar sei oder werde.

Hypericum, das Johanniskraut,
ist Nervenarznei par excellence,
wenn's dem Gemüte noch so graut,
beugt es doch vor der Dekadenz.

Iris die schöne Versicolor,
bringt Klarsicht und Intuition,
hilft Magen und Darm nicht nur,
ist auch des dritten Auge Spion.

Ingwer ist eine heiße Droge,
wenn's von innen fröstelt sehr,
nimmt rasch dir des Leibes Sorge,
falls die Milz den Dienst verwehrt.

Göttliche Gabe ist die Johannisbeere
der Herr sie mit viel Heilkraft versah,
man stets den Beerenstock vermehre,
sie hilft bei Rheuma und Blasenkatarrh.

Juniperus communis, der Wacholder,
mit seinen würzigen Beeren klein,
hilft als Nieren- und Blasenverstärker,
putzt den ganzen Verdauungstrakt rein.

Kalmus das bittre Magenwurz
liebt's feucht und wächst recht groß,
der deutsche Ingwer, gleich Gewürz,
ist als Magenschützer ganz famos.

Lycopodium geheißen der Bärlapp,
belehrt uns über Demut und Schuld,
wird der Leber mal die Geduld knapp,
nimm Bärlapp und zügle deine Wut!

Lakritze, aller Kinder Freund,
versüßt euch jede bittre Arzenei,
Durchhalten wird hier belohnt
bis das größte Übel ist vorbei.

Matricaria, die hilfreiche Kamille,
gedeiht über den Globus verstreut,
so war es unseres Schöpfers Wille,
als er schuf das Kraut für vieles Leid.

Mandragora ist ein magisches Gewächs,
die Alraune wird verehrt seit Zeiten,
Zaubermittel von Magier und Hex',
kann Wohlsein im Gedärm verbreiten.

Nux vomika als Brechnuss bekannt,
ein wahrhaft männliches Mittel,
zum Magenfriedensstifter ernannt,
bringt es Ehre jedem Weißkittel.

Nelkenwurz als Pulver gegeben
hat manchen Durchfall gestillt,
gegen „Hosenunfälle" ein Segen,
stimmt es die Schleimhäute mild.

Nachtschatten nennt man Bittersüß,
gebraucht bei Rheuma und Ekzem,
geringe Dosis sich als wichtig erwies,
sonst wirkt das schwarze Gift extrem.

♣

Nachtkerze in ihren Samen birgt,
sanft ölig schützende Kräfte,
Linderung bei Ekzemen erwirkt,
ist Schmiermittel für alle Gefäße.

Opium vereint des Mohnes Stärke,
lässt erschlaffen die glatte Muskulatur,
rückt verkrampftem Schmerz zu Leibe,
das alles liegt in seiner Pflanzennatur.

♣

Okoubaka kommt aus tiefstem Afrika,
es entgiftet Körper, Geist und Seele.
Wundermedizin der Darmesflora,
damit kein dunkler Herd dort schwele.

Phytolacca heißt die Kermesbeere,
wirkt hilfreich für alle Leiden am Ohr!
Junger Mutter macht es gern die Ehre,
mehrt die Milch als pflanzlicher Merkur.

Pulsatilla, der Wandelbarkeit Symbol,
Kuhschelle, das sensible Pflänzchen,
gereicht diese Signatur zum Wohl,
bei Behandlung zaghafter Hänschen.

Die Quecke ist ein robustes Kraut,
birgt Heilkraft in ihren Wurzeln lang,
nimm es her für Harngrieß und Haut,
spüle den Nieren- und Blasengang!

Quercus, der stattliche Eichenbaum
speichert in der Rinde pure Kraft,
räuchere sie zum Schutz im Raum,
adstringierend ist seine Heilkraft.

Ringelblume heißt Calendula,
wundheilend ist ihre starke Kraft,
hilft bei bösen Wunden fürwahr,
rasch die Selbstheilung entfacht.

Rosmarin ist ein edles Gartenkraut,
es heilt als Tee, Wein und Tinktur,
hilft dem Magen, der nicht verdaut,
verschafft Leber und Galle eine Kur.

Salvia officinalis, das Salbeikraut,
ist für viele Leiden wirksam und gut,
bei allen Entzündungen innerer Haut,
es zuverlässig seine Heilwirkung tut.

Sambuccus nigra, der Holunderstrauch,
hilft bei Erkältung und Nasenschleim,
als Schwitzkur mit Salvia nimm es auch,
da kann es besonders wirksam sein!

Tussilago, der Huflattich,
liebt den kargen Boden sehr,
er hilft der Lunge meisterlich,
wenn der Husten sich vermehrt.

Tilia, die stattliche Linde
bringt duftende Blüten zart,
öffnet sich dem Frühlingswinde,
nach einem langen Winter hart.

Hilft bei Halsweh und Schnupfen,
zu vertreiben die Ursache schnell,
Tee ist beim Schwitzen zu benutzen,
rasch hat sich das Gemüt erhellt.

Teufelskralle sammelt all ihre Kraft
in der Wurzel, nicht Blüten noch Schaft,
als Geschenk für kranke Glieder gemacht,
hat's Manchem das Lachen wiedergebracht.

Urtica wirkt durch marsisches Wesen
heftig gründlich auf alle Körpergifte,
der Leib kann schnell wieder genesen,
das Zipperlein wird zur Geschichte.

Brennnessel hat schon oft gebracht,
verstocktes Altes neu zum Fließen,
woran man nie im Leben gedacht,
Gesundheit kann nun wieder sprießen.

Uva ursi ist die Bärentraube,
wohl bekannt als Blasenmedizin,
man bei Nierenleiden ihr vertraue,
sie auch das Lob der Prostata verdient.

Viola tricolor mit seinen Blüten klein,
bekleidet Wiesen und weite Fluren,
so offenbart sich das Stiefmütterlein,
als großer Helfer bei allen Hautkuren.

Valeriana, bekannt als Baldrian,
ist nicht nur der Hüter der Ruh',
gibt Kraft und Beständigkeit fortan,
hilft bei Verdauungsstress im Nu.

♣

Viscum album, der Mistelstrauch,
bewohnt hoch droben dichtes Geäst,
hilft bei Herz- und Blutleiden auch,
senkt Blutdruck, wenn man ihn lässt.

♣

Yohimbe als Aphrodisiakum gepriesen,
wirkt auch bei Überdruck im System,
kannst die Männlichkeit neu genießen,
dem Leben gelassen gegenüber steh'n.

Salix alba, die Silberweide
sorgt für des Blutes leichten Fluss,
deshalb man jedem Kranken zeige,
was er für Herz und Gefäße tun muss.

Storchschnabel wächst recht unscheinbar,
kleine Blüten rot mit weißen Streifen,
hilft bei Entzündung und auch Ulcera,
bei Kinderwunsche sollst zu ihm greifen!

Minze friedlich stimmt den Magen,
sie ist ein kühlend scharfes Kraut,
seit ewigen Zeiten die Leute sagen,
mit ihr, man allerlei Unbill verdaut.

Der Steinklee hilft bei Kopfschmerz gut,
das Geheimnis liegt in Kraut und Blüten,
Schmerz lässt nach, Patient schöpft Mut,
kann jetzt wieder leben nach Belieben.

Die Rose sprosst in vielen Arten,
kann groß, auch unscheinbar sein,
du findest sie in Feld und Garten,
die Blüten nimm zu Tee und Wein!

Der Wegerich, mal schmal mal breit,
wächst bescheiden ganz tief unten,
widerfährt dir eines Sturzes Leid,
er ist ein Mittel für die Schrunden.

Er kann noch mehr, gar vielerlei,
hilft rasch den Bronchien zu genesen,
liefert als Sirup treffliche Arzenei,
reinigt die Lungen wie ein Besen.

Gratwanderung

Just der Mensch ins Leben tritt,
sucht Unterhaltung und Harmonie,
startet vorwärts Schritt für Schritt,
stets zu suchen, was er findet nie.

In der Jugend sind die Hormone wild,
das Pendant man ausdrücklich sucht.
Die Trefferquote stimmt nicht mild,
mancher Fehltritt als Ulk verbucht.

Einem glückt 's, er findet zusammen,
erspäht sein vermeintlich Doppelbild,
will Geist und Verstand verbannen,
bis die größte Sehnsucht ist gestillt.

Holder Zustand von Glückseligkeit
dauert ganz gewiss nicht ewig an,
schnell vergeht die rosa Heiterkeit,
das Idol entpuppt sich als Tyrann.

Nicht immer muss es drastisch sein,
Persona entwickelt sich verschieden,
Jahre später sieht man es endlich ein,
wenn der Ehebund bereits geschieden.

Man schwört Verzicht der Zweisamkeit
auf ewig endlose Zeiten, ganz sicher,
zum Erhalt der verblieb'nen Heiterkeit,
grollt man erschöpft und denkt es bitter.

Plötzlich strahlt da ein Lichtermeer
in heimlicher Wunschtraumgestalt,
bietet mir das Leben doch noch mehr
als menschliche Hüllen ohne Gehalt?

Geh' ich ein neues Abenteuer ein?
Der Verstand gibt ab an den Geist,
ein Happyend voll Sonnenschein
wie's die Liebeslektüre beschreibt?

Ich lausche der inneren Stimme,
wähle zuletzt die Äußerlichkeit,
halte starr diesen Augenblicke inne
und weiß, wir beide sind bereit.

Den Rest meines jetzigen Lebens
möchte ich weilen an deiner Seite,
war die Suche doch nicht vergebens,
immer ein Teil meiner Seele bleibe!

So reichen wir uns zum Bunde
sehnende Herzen mit rosa Band,
besiegelt in einer Sternenstunde,
Glücklich, dass einer den andern fand.

Herbstgeflüster

Nebelschwaden beginnen ihre Reigen,
benetzen die Wiesen mit Morgentau,
die Tage sich merklich nun neigen,
bunte Blätter bemänteln die Au.

Der Wald in seinem Festtagsgewand
wird zum Ekstatikum der Sinneswelt,
dieser Reichtum geht über den Verstand,
Geschenk, das dem Sehenden wohl gefällt.

Der Herbst bietet seine Früchte feil,
sie sind so zahllos und wunderbar,
Kastanien, Eckern, Eicheln, Allerlei.
eine Wintervorratskammer fürwahr.

Es frohlocken die Tiere des Waldes
über die Liebe und Gnade des Herrn,
danken um die Sorge ihres Erhaltes,
im sich'ren Wissen, er hat sie alle gern.

Am Weinstock hängen süße Trauben,
der Tartarus wiegt schwer wie Gold.
Geheimnis zwischen Materie und Glauben,
Reichtum, Erkenntnis, dem Meister hold.

Goldene Äpfel mit roten Wangen,
Birnen und Pflaumen zuckersüß,
die von übervollen Bäumen prangen,
als Vorgeschmack auf das Paradies.

Labsal sind die bunten Früchte,
reichlich verschenkt zu dieser Zeit,
stillt Sehnsucht der Gaumengelüste,
wir sind für die Leckerbissen bereit.

Doch bald ist die Fülle zerronnen,
der Überfluss schmilzt rasch dahin,
noch heute für bar genommen,
schon morgen entschwunden das Grün.

Spinnen weben ihre Lebenskunst
in verfänglich seidene Gebilde,
hold war ihnen des Daseins Gunst,
geschaffen nach göttlichem Bilde.

Es freuen sich herzlich die Igel
über ihr seltsam stachliges Kleid,
sie sind eben so wie die Wiesel
auf Quartiersuche zur Winterszeit.

Meister Petz rüstet nun zum Schlafe,
Mäuse und Hamster bringen Körner ein,
dass der Winter sei keine Hungersstrafe,
sondern Kurzweil im trauten Heim.

Unterm feuchten Laub am Waldesboden
lugt schüchtern ein Pilzmännlein hervor,
mit brauner Kappe und Kulleraugen,
herzlich begrüßt vom Meister Langohr.

Gar viele kleine Pilzgesellen
haben sich im Kreise aufgestellt,
wollen bewachen die trauten Schwellen
zum geheimen Tor der Anderswelt.

Vierte Jahreszeit lässt stürmisch grüßen,
fegt die letzten Blätter von den Bäumen,
verebbt ist der Natur wildes Sprießen,
die Erde versinkt in süßen Träumen.

Sie wartet auf ihr weißes Kleid,
jungfräulich wird es anzuschau'n,
trägt den neuen Samen schon im Leib,
will hoffnungsvoll der Genesis vertrau'n.

Die Natur übergibt nun das Zepter
an den Herrscher der Winterszeit,
Wiesen und Wälder bedeckt er
mit funkelnd schneeweißem Kleid.

Hierarchie

Hier ganz tief unten,
fing alles für mich an,
es zählten nicht die Stunden
in der ekliptischen Bahn.

Früher als Steingebilde
lebte ich fügsam geduldig,
der Herr in seiner Milde,
als solches schuf mich.

Es war eine lange Zeit,
die man mir gab zur Lehre,
ich übte in der Einsamkeit
damit Erkenntnis sich mehre.

Endlich war ich bereit,
zu wechseln die kalte Hülle,
mit Feuer und Wasser gefeit,
zu erfüllen der Pflanzen Wille.

Das neue Kleid stand mir gut,
war dem Winde gewogen,
meinen Samen es mit sich trug,
bin schon oft umher gezogen.

Es war erfüllte Lust mit Maß,
die große Weltenbummelei,
vermehrte mich ohne Unterlass,
auf dass die Welt voll Leben sei.

Machte Erfahrungen gar viele,
traf Tier- und Menschkinder,
ein jedes erstrebte ferne Ziele
als Eintagsfliege oder Erfinder.

So erlebte ich Güte und Hass
in irdischen Höhen und Senken,
erbat stets Gnade ohne Unterlass,
half Dinge zum Guten sich wenden.

Alle Erfahrungen endlich gemacht
im irdisch bunten Pflanzenreiche,
eine neue Qualität in mir entfacht,
gestellt für 's Tierreich die Weiche.

Entschlossen kam ich wieder
hinein in die menschliche Welt,
zuerst, da hatt' ich ein Gefieder,
prüfte wie sich's damit verhält.

Habe geleistet viele Dienste
an Pflanze, Mensch und Tier,
keinen bess'ren Gefährten find'ste
als mich in meiner Hülle hier.

Als auch dieser Weg beschritten,
schmerzvoll mit Hürden fürwahr,
wollt ich nun dienen inmitten
der großen, bunten Menschenschar.

Ich kam als solcher hernieder
zu lernen noch unendlich viel,
Probleme die kamen hier wieder,
doch näher war ich dem Ziel.

Paar tausend Male oder mehr
würde ich reisen im Gemenge,
im Milliardenmenschenheer
bei großer Hast und Gedränge.

Nichts kann mich mehr hindern,
meinen Weg zu Ende zu gehen,
der Rucksack wird sich mindern
im karmischen Weltgeschehen.

Einst am Ende der Gezeiten,
bin auch ich zum Ziele gelangt,
fühle daheim, unendliche Weiten,
reife Seele, die ihrem Schöpfer dankt.

♣

Holde Zweisamkeit

Auf dem Wege zur dualen Seele
erleidet man Irrungen sehr viel,
man Einen oder Anderen so wähnte,
Täuschung erkannt, kurz vor dem Ziel.

Nicht aufgegeben und neu probiert,
bis das Ersehnte endlich eingeheimst,
Platte Floskeln fleißig neu studiert,
schale Verse fürs Lustobjekt gereimt.

Endlich, siegvoll kehrt man zurück,
die Trophäe stolz an der Hand,
hebt sie über 's Schwellenstück,
ein nettes Lächeln als Garant.

Es dauert gar nicht lang,
weicht das trügerische Idyll,
endlich arbeitet der Verstand,
doch die Belastung ist zuviel.

Erkannt wird das wahre Wesen,
es geht mit unserm nicht konform,
lieber hätt' man `nen neuen Besen,
als Frau General in straffer Uniform.

Zu spät sieht man die Tücke
verborgen im menschlichen Detail,
dem Übel man nun zu Leibe rücke,
eh` man den Lebensrest so verweil'!

Mit Mühe und reichlich Kosten
wird nun geplant das düstre Ende,
man steht auf verlorenem Posten,
lässt viel Federn zur Trendenwende.

Ist es endlich dann geschafft
mit gewünschter Solokarriere,
hat Mensch sich neu aufgerafft,
baut er an der nächsten Barriere.

Letzteres braut sich nun unbewusst
über dem Haupte grau zusammen,
die Kräfte nur zum Teil man nutzt,
um persönliches Unheil zu bannen.

Das Gefühl stimmt uns bittersüß,
die Einsamkeit beginnt zu plagen,
indem man Zweisamkeit vermied,
reiht sich die Zeit in leeren Tagen.

Man kommt erneut zu dem Schluss,
dass der Mensch kein Einzelgänger ist,
ein Kompagnon sich doch finden muss,
sonst verläuft das Leben ja so trist!

Man schreitet entschlossen zur Tat,
Wille und Zwang sind bedrückend,
in der Ferne ersehnte Lösung naht,
selbige, ganz nahe, nicht berückend!

Man trollt sich und kapituliert
angesichts der heiklen Lage,
hat inzwischen alles ausprobiert,
erhebt im Stillen persönlich Klage.

Nicht vis a vis ist der „Hund" begraben,
sondern tief unten im Seelenkeller drin,
Ausflüchte hört man noch endlos sagen,
doch die Stille führt zur Erkenntnis hin.

Nachdruck hat noch nie erreicht,
was Glückseligkeit bringt auf Erden,
loslassen hingegen verursacht leicht,
dass süße Träume wirklich werden.

Ist diese schwerste Aufgabe erfüllt,
lehn dich zurück im Ohrensessel!
Es wird dein sel'ger Hunger gestillt,
erkennst sofort den früheren Esel.

Jetzt bist du in göttlicher Lage
die Sehnsucht zu erfüllen in dir,
gereiftes Individuum, ohne Frage
findest dein Pendant nach Plaisir.

♣

Jahreswechsel

Und wieder ist ein Jahr verstrichen
bemerken wir mit bangen Blicken,
der Spiegel verrät es uns ehrlich,
die Ware Mensch ist verderblich.

Die Jugend genossen noch eben,
beschert uns das Alter seinen Segen.
Ein Blick zurück auf das Erreichte
stimmt gnädig oder rät zur Beichte.

Die Lorbeeren hingen gar zu hoch,
doch dafür ist Zeit im Leben noch.
An dieser Stelle wird erstellt der Plan
wie man zukünftig nun will verfahr'n.

Gibt es eine fruchtbare Alternative,
zu manövrieren aus dieser Lebenskrise?
Die Aufgaben werden kleiner gestrickt,
solch' genialer Einfall gleich abgenickt.

Frisiert ist das Soll nur halb so groß,
tröstet man sich und findet 's famous,
schmunzelt über Schwächen der Andern,
die, wie man selbst, sorgenvoll wandern.

Haben sich die Ziele zu hoch gesteckt
und zu weit aus dem Fenster gestreckt.
Selbst wollte man eben cleverer sein
und ließ sich nicht auf diese Härten ein.

So gelangt man zum nächsten Jahresende,
nicht gerade froher als zur letzten Wende.
Ziele, die wir uns nicht vorgenommen,
können nie zum Abschlusse kommen!

So bleibt uns die traurige Essenz,
da hilft nur etwas Zielwasserreagenz.
Plane und erfülle Aufgaben reichlich,
Dank sei dir gewiss lebenslangzeitlich.

Dies ist dein rechter Lebensweg,
verschafft Frohsinn, wohin du gehst.
Um erfülltes Leben man dich beneidet,
sieht nicht, dass Erfolg von Müh' begleitet.

So nimm mit Leichtigkeit alle Hürden,
Neujahr bis Silvester die Lebensbürden!
Resultat ist ein alter Mensch mit Falten,
sie sind eine Zier der gereiften Alten.

Klang

Wohliger Klang belebt den Äther,
zaubert Seelenbalsam dir ins Herz,
die ewige Melodie unserer Väter,
lässt blicken die Seele himmelwärts.

Die wahre Botschaft bleibt ummäntelt,
solang der Gipfel nicht erklommen,
das Individuum mit dem All verbändelt,
hat längst den geistigen Ruf vernommen.

Es ist ein stetes Erwachen,
die Erkenntnis des All-Eins,
Schwingung in Form und Farben
mit der Kraft der Klänge vereint.

Kosmische Töne sind allmächtig,
erwecken geformtes Wort zur Tat,
alles gehorcht dem Meister prächtig,
ein kostbarer Schatz aus Gottes Rat.

Klang und Form sind Fülle und Macht,
verborgen die Rätsel der Transmutation,
mutiger Adept es irgendwann schafft,
zu besteigen den goldenen Thron.

Wille allein macht nicht gefügig,
benötigt wird die Reife der vier,
schaffe Gleichgewicht vorzüglich,
so gebührt verdienter Lohn dir dafür!

Weg durch Farbe, Form und Klang
bringt uns die Transparenz des Seins,
es ist ein langer schwerer Gang,
sich zu baden im kosmischen Eins.

Lasse dich tragen von vielen Tönen,
liebkosen vom Äther höchst selbst,
mit der All- Liebe dich verwöhnen,
wirst du nie mehr in Frage gestellt.

Einst wird alles klar wie Sonnenlicht,
die Erkenntnis dringt in jede Sphäre,
sich das Spektrum siebenmal bricht,
dem Genius der Schöpfung zur Ehre,

Ist der Pfad beschritten, dem Ziele nah,
rasch verwirklicht sich all dein Bitten,
Zeichen schöpfender Macht immerdar,
in ihnen ruht Gleichmut göttlicher Sitten.

♣

Mitternachtsmärchen

Im Walde an einem Weiher
ward Stille zur Abenstund',
es saßen da ein paar Reiher,
zu blicken des Weihers Grund.

Kein Mensch zu dieser Stunde
betritt je der Astralen Revier.
Man diesen Respekt dann zollte,
mindestens bis morgens um Vier.

Ein Kind verirrt im Walde lief,
gelangt zum selben Teiche hin,
legte sich hernieder und schlief,
auf dass rasch der Tag beginn'.

Da! Ein leises Singen in der Luft,
das Kind erwacht um Mitternacht.
Ei, was schimmert in der Felsengruft?
Weiß nicht, ob's schläft oder wacht?

Der Knabe sieht ein buntes Treiben,
so, wie er oft in Märchen geschwelgt,
nimmt teil am farbigen Reigen,
schwebt und tanzt mit der Feenwelt.

Es kommen Gnome und Wichtel,
sind Wesen gar drollig zu schau'n,
wiegen im silbrigen Mondlichte,
oder ist alles gar nur ein Traum?

Der Junge fühlt sich geborgen
mit der kleinen hübschen Schar,
harrt so aus bis zum Morgen,
erwacht, weiß nicht was geschah.

War's Wirklichkeit oder Traum,
enttäuscht findet er sich allein,
sieht erstaunt den Waldessaum,
kleines Vögelein ruft ihn heim.

Schon erblickt er der Eltern Haus,
ein Fink ihn zwitschernd begleitet,
die Mutter läuft zum Haus hinaus,
als ihr Sohn hierher wird geleitet.

Das Kind erschöpft vom langen Werk,
bettet sich nun geschwind zur Ruh',
einen Elfentraum bringt Herr Zwerg
und winkt ihm mit der Zipfelmütze zu.

Reinkarnation für Anfänger

Schon öfter begab ich mich zur Erde,
sprang hinein in die menschliche Herde.
Bei Familie X, da wollt ich wohnen,
und meinen Leidenschaften fronen.

Garantiert war hier die nötige Ruh'.
Gefunden! Frohlockend sagte ich zu.
In diesem Glauben war ich glücklich,
Besitzer der ersten Wahl ausdrücklich!

Als kleiner neuer Erdenbürger,
machte ich anfangs wenig Ärger,
war versorgt von früh bis zur Nacht,
bis das die erste Lebenshürde naht.

Reserviert ein Platz im Kindergarten,
tat man Gehorsam von mir erwarten,
das entsprach nicht meinem Individuum,
ich bat um Verständnis und Integration.

Endlich, diese harte Lektion begriffen,
auf ging's zur Schule mit riesen Schritten.
Nicht immer war der Lehrer mir gewogen,
hab eilig drum die Konsequenz gezogen.

Endlich dann, so etwa mit Zehn,
begann ich diesen Spaß zu versteh'n,
nicht gescheut Aufwand noch Müh',
geschafft, geackert von spät bis früh.

Das Bewusstsein kam nach und nach,
mit vierzehn fiel der Groschen, ach!
Ein großer Wendepunkt im Leben
sollte sich für mich daraus ergeben.

Machte Erfahrungen, gleich die Nächste,
dachte immer verzweifelt: Na versteh'ste!
Die Jugend ging, schon kam der Ehebund,
letzterer bekanntlich ein Scheidungsgrund.

Ich lernte über die beringte Zweisamkeit,
sie hat auch Schönes außer Frust und Neid.
Stets soll man werden viel gescheiter
auf der holprigen Lebensaufstiegsleiter.

Schwört zukünftig besser vorzubeugen,
Luxus sichern und keine Kinder zeugen.
Wie unnütz dieser Vorsatz und dämlich,
sieht man in Kürze alsbald dann nämlich.

Die Dinge sind so vorprogrammiert,
eben nichts durch puren Zufall passiert.
Der Rucksack voller Inkarnationen
ist abzutragen in zahllosen Äonen.

Wie dem auch sei, wir kommen nicht umhin,
zu erfassen in der Lebensmitte diesen Sinn.
Reumütig knien wir vor dem Spiegel nieder,
uns're Schatten zu betrachten immer wieder.

Kritik erdulden wir, mehr oder weniger,
des Übels Wurzel erkannt, nun was seliger,
macht sich der Mensch ab vierzig daran,
zu verändern konkret seinen Lebensplan.

Zu spät sieht er ein, das bringt so nichts.
Manipulation, eines armsel'gen Wichts.
Straffe Lektion verschafft uns Gewicht,
dieselbe Seele strebt nun auf zum Licht.

Man glaubt jetzt fest, es wäre so weit,
der Mensch ist belehrt und gescheit,
hat sicher erkannt der Äonen Ziel,
für ein irdisches Leben viel zu viel.

Er will sich jetzt bessern auf ein Mal,
das geht nur durch Schmerz und Qual!
Man kann sich dies Los nicht ersparen,
um zu verkürzen die Lehrzeit in Jahren.

Wir brauchen viel Mut und Geduld,
abzutragen die gebündelte Schuld.
Dafür gibt es Zeiten endlos lang,
dehnbar ist der Inkarnationen Gang.

Was du nicht schaffst, jetzt abzudienen,
kannst du im nächsten Leben sühnen,
glänze im Universum wie das helle Licht,
arbeite stets dran und vergiss es nicht!

Auf ein Neues Freund, komm bald wieder,
in die irdischen Gefilde der Erde hernieder!
Diesmal vielleicht zur Familie Z. oder K.,
dort, wo ich schon dein Großpappa war.

Such' dir was aus, ganz nach Belieben,
lerne nur eins, dich nicht zu verbiegen!
Lebe strikt nach dem persönlichen Plan,
schon ist die Hälfte des Weges getan.

Hilf die verirrten Schäflein zu führen,
damit sie des Geistes Pfad nicht verlieren.
Das ist dein Auftrag, du Seelenverwandter,
so werden wir alle miteinander bekannter.

Bis zur Rückkehr zum großen Seelenbade
warten am sieb'ten Tor ohne Eintrittskarte,
all die geläuterten friedlichen Kumpane
verflossener Gesinnung, jetzt ohne Fahne.

Drum lasst uns schreiten mit all den andern,
auf dass Erfolg hat unser langes Wandern.
Dann einst zu passieren die goldene Pforte
zum ersehnten, friedlich stillen Selenhorte.

♣

Durchbruch

Langsam aus ihrem Schlaf erwacht
der Mutter Erde unterkühltes Wesen,
Bruder Februar noch darauf bedacht
mit Wind und Kälte umher zu fegen.

Die Macht der März nun bald entkräftet,
Bruder Frühling übernimmt das Zepter,
klirrendes Eis der Sonne Strahlen ächtet,
doch vorerst noch tobt sich aus der Winter.

Ungeachtet der rauen kalten Winde,
bricht die Erde, Vögelein streben herfür,
schenken uns ihr Frühlingsgebinde,
verkünden zwitschernd die neue Mär.

Erwartungsvoll spannt die Frühjahrsluft,
kleine Blütenkelche dringen zum Licht,
es verbreitet sich zart der Veilchenduft,
des Winters Bann nun endlich bricht.

Rasch belebt sich Erde, Wasser, Luft,
verschlafene Samen sprossen auf,
das Wachsen verstrahlt betörenden Duft,
pralles Gedeihen beschwört es herauf.

Der Überfluss ergießt sich wie ein Wall,
Mutter Natur wird langsam trächtig,
es ist ein göttlicher Schöpfungsschwall,
der sich bemächtigt des Irdischen heftig.

Alljährlicher Durchbruch ist geschafft,
wenn der letzte Samen sich entfaltet,
Göttin Gaja hat wieder Zeugnis erbracht
wie sorgsam sie ihre Gaben verwaltet.

♣

Gewundene Überraschung

Der Sommer ist nun überträchtig,
geschwängert die Natur mit Früchten,
das Jahresrad dreht schwer und mächtig,
will jetzt die bunte Erntetafel richten.

Eben bedaure ich des Jahres Neige,
stoppe nicht das Sinken der Sonnenbahn,
warte noch, dass ein sich Wunder zeige,
ich den Weltengang nicht ändern kann.

Wehmütig betrachte ich Halm und Blatt
alles färbt sich jetzt bunt vergänglich,
der August hat endgültig die Hitze satt,
reicht das Zepter dem Herbst versöhnlich.

Die rote Sonne mit schwindender Kraft,
erwärmt die Erde noch an mancher Stelle,
sie hat bereits ihr großes Werk vollbracht,
überschritten längst die Johanni Schwelle.

Sieh da, was mir verborgen blieb,
sorgfältig versteckt im Erdenreich,
doch nun es plötzlich vor mir liegt,
aufgewickelt, einer Spirale gleich.

Zwei Punkte ziert das Köpfchen klein,
es hebt sich majestätisch von der Erde,
augenblicklich vergessen das niedere Sein,
gewiss, dass draus was Größeres werde.

Gruß der Ringelnatter an meinem Fuße,
ich freue mich über den lieben Besuch,
sie züngelt mir vertraulich zum Gruße,
macht spontan keinen Fluchtversuch.

Ich verspreche ihr wieder zu kommen,
nachdem sie rasch sich dann eilte,
hat wohl meine Worte vernommen,
als sie so verdutzt bei mir weilte?

Hoffnungsvoll besuchte ich oft ihr Heim,
nasse Kühle lockte sie nicht herfür,
meine stille Erwartung wurde klein,
wünschte sehnlichst Begegnung mit ihr.

Einmal, im Schutz großer Kürbisblätter,
lag gewunden der graue Gartengast,
genas das milde Spätsommerwetter,
machte eben dort eine Schlangenrast.

Sie hatte gar nichts Bedrohliches,
obschon viele Wesen sie meiden.
selbst Mensch kennt etwas Bängliches
bei Tieren, die solche Hüllen kleiden.

Bedrohlich ist nur der Schlange Signatur,
dies weiß klar unsere Seele zu deuten,
sie vermittelt Auftrag zur Wandlung pur,
kritische Innerschau ist hier von Nöten.

Nicht von ungefähr ist ihre Begegnung,
sondern Wegweiser mutig zu schreiten,
abzuwerfen alle geistige Beschränkung,
die verhinderte das seelische Gleiten.

Schlange ist Sinnbild für Ent-wicklung,
zu besiegen den niederen Trieb,
Reinigung von Geistes Ver-wicklung,
Liebe und Licht führen zu Sieg.

Die Schlange symbolisiert Werden,
es ist ihre eigene göttliche Signatur,
Pflanzen und Tiere sind auf Erden
ein magisches Sinnbild der Natur.

♣

Seelengang

Viel älter als du ahnst vielleicht,
ist die Seele und des Körpers Geist,
zahllose Eindrücke schon durchlebt,
mit vergangenen Träumen durchwebt.

Bereits inkarniert als Pflanze und Tier,
kennst dich gut aus im Jetzt und Hier.
Gelehrt, die Hierarchie zu erfahren,
Freud' und Leid in tausenden Jahren.

Manchmal erinnert dich vielleicht
ein Aufflackern aus uralter Zeit,
welche du erfahren und gestaltet hast
zu aller Lebensfreude oder Lebenslast.

Niemand ist anfangs licht und rein,
vergeblich wär' der irdische Schrein,
keine Traurigkeit; Dankbarkeit allein,
Einsicht lässt uns wieder Kinder sein.

Gleich einem klaren Quell,
wird das Wesen licht und hell,
die Reinigung zu Ende gebracht
ist unsere größte Errungenschaft.

Diene getreulich auch weiterhin,
der Vorsehung als Menschenkind.
Erlöse hierbei dein Individuum,
reife Seele in diesem Universum!

♣

Sehnsüchte

Irgendetwas ist.
Ich weiß nicht was.
Etwas wird vermisst.
Ich denke nach.

Man könnte gut zufrieden sein,
doch leider ist dem gar nicht so.
Man horcht tief in das Inn're rein,
sucht und wird nicht wieder froh.

Zieht es in die Ferne mich,
erörtert man und schweigt,
gesprächig wird das höh're Ich,
macht das Individuum geneigt.

Sind es die Malediven
oder lieber doch Galapagos?
Die Geister die mich riefen,
schüren die Sehnsucht riesengroß.

Oh ja, die großen Elefanten
ich in Afrikas Savannen find',
oder lieber doch in die Anden,
denkt man sich geschwind.

Die Antarktis nicht befriedigt,
da ist es zu karg und zu kalt,
rasch die Route wird berichtigt,
eh' man ist für die Ferne zu alt.

Die Osterinseln, nicht schlecht,
geheimer Tipp zu Weihnachten,
ja eigentlich, hat man doch Recht,
Ende dem sehnlichen Schmachten!

Grast den Globus rauf und runter,
Neuseeland oder Australien vielleicht?
lange Reise, oder das Schiff geht unter,
ganz und gar nun ist man entzweit.

Just kommt ein kleines Flackern
aus dem Wesen tiefster Seele auf,
braucht Atlanten nicht zu ackern,
nimmt die Erkenntnis jetzt in Kauf.

Was verzweifelt ward gesucht,
findet man in sich selber drin,
Gott sei Dank, noch nicht gebucht,
die weite Reise nach fernerhin.

Jetzt tut man nach Herzenslust
hinabsteigen und ergründen,
lang' hat man es nicht gewusst
die eigene Quelle zu finden.

Start auf einen neuen Lebensweg,
zu entdecken sind Täler und Berge,
das ist unser wahrer Lebenssteg,
man trifft auf Riesen und Zwerge.

Frohgemut als Wandersmann,
zu ergründen sein eigen All,
dort wo das Universum begann,
erstanden nach tosendem Knall.

Entdecke nun der Epochen Lauf,
erkenne in allem Groß und Klein,
klettere den eignen Pfad hinauf,
damit Erkenntnis erfülle dein Sein!

Das ganze Leben ist eine Reise,
zeigt dir Gefilde fremd und vertraut,
Nähe und Ferne, du brauchst sie beide,
deine Erfahrung im Gepäck verstaut.

Einmal gelangt zum lichten Ziele,
hast du erkannt des Reisens Sinn,
du begegnetest Wanderern viele,
mancher stolperte oder stürzte hin.

Ein Fall ist keine Schande,
nur sollst du wieder aufsteh'n,
erklimm' den Berg bis zum Rande,
so kannst du das Licht strahlen seh'n.

119

Signatur

Oh, Mensch du wunderst dich,
morgens wenn die Sonne steigt,
in den Lichterfluten wandelt sich,
vieles, was die Nacht verschweigt.

Ihr Vorsatz war kein schlechter,
der Mond das Zepter schwang,
doch jetzt wirkt alles echter,
denn die Sonne steigt bergan.

Ewiger Zyklus der Gestirne,
stets Neues aufwärts sprießt,
hämmert in des Menschen Stirne,
alles Illusion, was du jetzt siehst?

Deine Wahrheit machst du selber
durch Erfahrungen endlos lang,
die Sonne scheint jetzt gelber,
silbrig weiß ist des Mondes Bann.

Willst das universale Walten
strukturieren mit Effizienz,
erkenne Wesen und Gestalten
in der göttlichen Konkordanz!

Hast du ganz erschlossen dir,
Wahrheit himmlischer Gesetze,
ergründen sich die Welten hier
in der Einheit der Gegensätze.

Denke nicht im Horizont,
erschaffe deine Vertikale,
sortiere alle Bilder samt
in eigener Waagschale.

Schachtelhalm und Kalk,
ich suchte die Parallele,
bis den Saturn ich fand
in meiner tiefsten Seele.

Eigentlich war's immer da,
ich selbst bin verwundert,
ignorierte, was ich sah,
in mehreren Jahrhundert.

Es vollzieht sich Entwicklung,
Kundalini zum Haupte hinauf,
Mensch hab' vor dir Achtung,
nimm' Ruhephasen mit in Kauf.

Sollst streben fleißig immerdar,
ordnen sorgsam alles siebenmal,
vertraue stets auf Ida und Pingala!
Erhelle die Seele im Shushumna!

Es gibt sieben Signaturen,
zu finden im großen All,
drinnen in allen Figuren
ist der Schlüssel der Wahl.

Sieh jedem Ding auf den Grund,
dort liegt es klar auf der Hand.
Opfere dafür jede deiner Stund'!
Vertrau' auf Geist und Verstand!

Ist die Weisheit offenbar,
die in der Tiefe liegt,
wird alles sonnenklar,
denn Erkenntnis siegt.

Kannst leben jetzt intensiver,
Krankes heilen geschwind,
deine Aufgabe: Sieh tiefer!
Zeige allen ihr Seelenkind!

Mit Gottes Gnade, Knecht
erreichst du Großes hier,
verhilfst Armen zum Recht,
danke dem Schöpfer dafür!

Alchemie

Ich weiß nicht, was soll es bedeuten,
hab' gesprochen schon mit vielen Leuten,
deren guter Rat war knapp bemessen,
ich ward nun neugieriger unterdessen.

Hab' mit viel Mühe mich aufgemacht,
zu ergründen diesen Erkenntnispfad,
den langen Weg aus Tälern und Höh'n,
ich schwindelte, die Wahrheit zu seh'n.

Spao, ageiro bereitet mir Verdruss,
da ich mich jetzt im Latein üben muss.
Trennen und verbinden in einem Wort,
gibt keinen Sinn und ich und fahre fort.

Zu erschließen dieser Worte Sinn,
muss man aktivieren Geist und Hirn,
nimm Unterricht bei den Philosophen,
die seinerzeit diesen Weg erprobten!

Einmal offenbart sich dir das große Rätsel,
gut versteckt in einer Lemniskatenbrezel,
das universale Wissen schon ewig existiert,
wartet nur auf dich, dass du's ausprobierst.

Mit Mühe und Fleiß kannst du erkennen,
was die großen Meister Wissen nennen,
wirst alsdann entlohnt für deine Plagen
mit reichlich Antwort auf alle Fragen.

Sind Täler und Höhen erklommen,
ein klarer Ruf tief drinnen vernommen,
viel größer als du es wagst zu denken,
sind universale Kräfte, die uns lenken.

Wie oben so unten, die Worte des Herrn,
wie innen so außen, ist der Weisheit Kern.
Das Mysterium noch längst nicht enthüllt,
das Geheimnis Tarotkarte „Vier" verhüllt!

Hermes, ein Götterbote fürwahr,
Diener Gottes und Berufener war,
zeigte dem Menschen geheimes Walten,
offenbarte universales Wissen der Alten.

Man nutzte der Pflanze ureigene Kraft
und hat daraus neue Qualität erschafft.
Drei edle Prinzipien wohnen ihr inne,
deshalb man übe fleißig und erbringe:

seinem Nächsten zum Wohle herbei,
diese kraftvoll geläuterte Arzenei.
Nicht schwer, braucht nur Geduld,
vor allem lass' los von deiner Schuld!

Sonst wird dir verwehrt der Tiefenblick,
den du brauchst für dieses Meisterstück.
Kläre die Pflanze gleich deiner Seele,
damit sich großer Geist mit ihr vermähle.

Hast du beides geschafft in dieser Welt,
gibst du es nicht her für Gut noch Geld.
das ist nicht der Weisheit letztes Arkanum,
drum nutze weiter Verstand und Manum.

Erschaffe dir die edle Quintessenz,
viel Wissen verbirgt dieses Reagenz.
Es ist der Anfang der großen Weisheit,
strebe zum Ziel mit Bescheidenheit!

Die Müh' wird dann getreulich belohnt,
just wenn du siehst, was innewohnt.
Dem Seher eröffnen sich tiefe Welten,
segnend genutzt, wird's Gott vergelten.

Noch bist du am Ende nicht angelangt,
hast nur des Weges Richtung erkannt.
Vielmehr besitzt das schlichte Gestein,
nur durch es wirst du ein Meister sein.

Ist einmal gewonnen der rote Saft,
gehst du den Weg der Meisterschaft,
erzeugtest selbst das Aurum potabile,
erreicht ist eins der großen Lebensziele.

So meint der Adept glücklich begnügt,
noch sind die Mysterien nicht besiegt!
Entdeckt er bald, der Pfad geht weiter,
Geduld Schüler, bleibe immer heiter!

Solang' der Stein ist noch nicht dein,
wird die Sehnsucht Seelenbesitzer sein,
gescheut nicht Mühen noch Qual,
wird entlohnt der Treue allemal.

Getragen von göttlichen Schwingen,
kann das große Werk nur gelingen,
synchron mit universalem Klang,
ist es ein irdisch – himmlischer Gang.

Nicht länger bist du ein Sklave,
gewähret wurde göttliche Gnade,
erwachsen nun zur Himmelsmacht,
fortan ein Helfer der Himmelswacht.

♣

Sphärenwanderung

Am Anfang war die Entscheidung,
zur Ergründung des Iches Neigung.
So beschloss ich zu kommen hernieder,
um zu treffen alte Bekannte hier wieder.

Neun Monate Auszeit nahm ich noch,
ehe mutig ich in die Welt hinaus kroch.
Es war da drinnen so schön geborgen,
keine Schmerzen, noch lästige Sorgen.

Der Moment der Wahrheit kam, nur zu,
aus mit Gemütlichkeit nebst stiller Ruh'!
Entschlossen stellte ich mich auf die Füße,
damit ich meine Anverwandten hier grüße.

Mit wachsender Zahl an Maß und Verstand,
ich zunehmend Anhänger im Irdischen fand.
Meine Eltern waren sorgfältig ausgewählt,
halfen und haben mir den Charakter gestählt.

So erreichte ich meine Jugendzeit,
öffnete das Bewusstsein weltenweit.
Jetzt galt es der Sonne Ära zu erfahren,
just in den güldenen zwanziger Jahren.

Ehe ich begann, mich zu konsolidieren,
sollte Mars und Jupiter mich inspirieren,
nicht zu verpassen des Lebens Wende,
als Vierziger man das Dasein überdenke!

Zu nutzen die irdische Zeit intensiv,
kosmische Intelligenz ich zu Rate rief.
Das Ziel, Rückkehr in des Herren Schoß,
blieb sehnlichster Herzenswunsch jetzt bloß.

Gelebt Saturnes Weisheit und Härte,
leider nicht jede Erkenntnis länger währte,
sind doch schon Lebensfrüchte zu beäugen,
falls man gelernt in Demut sich zu beugen.

So wird es dir spätestens jetzt offenbar,
die Mühsal nicht ganz vergebens war,
erleuchtet wieder ein Stückchen mehr,
taucht man unter erneut im Seelenheer.

Geläutert wie Phönix aus der Asche,
der Lebensläufe Weisheit in der Tasche,
stellt man sich mutig neu dem Lebensleid,
gespickt ein bisschen auch mit Lebensfreud'.

♣

Steinwesen

Abalone, die schimmernde Muschelschale
schenkt Frohsinn, Sicherheit und Schutz,
überwindet Enttäuschung mit einem Male,
heilend für Entzündung und Juckreiz genutzt,

Achat mit gebänderter Struktur,
findest du in vielerlei Farben,
mit seiner schützenden Natur,
hilft es Augen, Haut und Magen.

Gar vornehm ist der Alabaster,
man weniger als Gips ihn kennt,
so passt er gar nicht in dies Raster,
wirkt als Gewebestraffer kompetent!

Antimonit mit seinem dunklen Glanz
hilft zu besiegen des Menschen Laster,
beflügelt sein geistig' Wesen ganz,
überwindet die Grenzen wie Alabaster.

Amethyst schafft inneren Frieden dir,
mal erscheint er dunkel, dann hellviolett,
für das siebente Chakra, als Kronenzier,
lindert er Schmerz und Trauer komplett.

Bernstein trügt mit seinem Namen,
ist ein Harz, des Baumes Lebenssaft,
wirkt harmonisch auf Galle und Magen
lässt keinen Zweifel an der Baumeskraft.

Es kann noch mehr, dieses fossile Harz,
erleichtert Leber und Darm das Verdauen,
hilft Kindern gegen Zahnungsschmerz,
gibt dem Gemüt zurück das Gottvertrauen.

Der Saphir ist ein edles Gestein,
strahlt in geheimnisvollem Blau,
schärft die Sinne, zentriert das Sein,
bei Nervenschmerzen ihm vertrau'!

Der Opal verbirgt unendliche Tiefe,
hypnotisierend strahlt sein Glanz,
ist hilfreich, gut, von edlem Gemüte,
schenkt dir Mut für den Lebenstanz.

♣

Prächtige Hülle von edlem Metall,
so zeigt sich gern der rote Granat,
erzeugt der Lebenslust Widerhall,
steht für Sinnesfreuden als Garant.

Der Fluorit ist variabel entzückend,
zählt viele Farben zu seinem Repertoire,
er ist schlicht und einfach berückend
als kleines Hosentaschenaccessoire.

Doch kann er auch noch vieles mehr,
als nur so sein zum eignen Schein,
hilft bei Frust und Enttäuschung sehr,
lindert auch das Rheuma-Zipperlein.

Strahlende Transparenz hat der Heliodor,
ein Beryll, nur selten noch zu finden,
öffnet Erkenntnis und Weitsicht das Tor,
befielt die große Weisheit zu verkünden!

Tiefgründig blickt das braune Tigerauge,
nebst seinem blauen Falkenaugen-Vetter,
bei Asthma half er dem, der ihm vertraute,
bewahrt Durchblick als Lebenschaosretter.

Glanzvoll nun tritt in Pose der Opal
und schillert in vielen Farben bunt,
unterstützt uns auf dem Lebenspfad,
reinigt und führt zu aller Dinge Grund.

♣

Den Malachit schmückt tiefes Grün,
geheimnisvoll berührt er die Gefühle,
lässt vage Entschlusskraft auferblüh'n,
ist für die Nerven verlässlicher Gespiele.

♣

Rosenquarz verkündet große Güte,
heilt des Herzens tiefen Schmerz,
verhilft unseren Talenten zur Blüte,
die Blicke gerichtet himmelwärts.

Der Rubin strahlt in vielen Röten,
durchdringend und geheimnisvoll,
stärkt bei allen sexuellen Nöten,
macht Männer und Frauen liebestoll.

♣

Tierische Begleiter

Als Helfer wurden uns zur Seite gestellt
andere Wesen der irdischen Welt,
sind liebevoll dem Menschen gewogen,
von ihm höchst selbst das Tier erzogen.

So wie wir auf dem Weg zur Reife,
ahmen sie's nach auf tierische Weise.
Drum sei stets Vorbild für den Schüler,
damit nicht vergeblich sich müht er!

Gehe um mit Bedacht und Achtung,
erfülle nach Kräften die Erwartung,
eine junge Seele sich klären muss
in endloser Äonen raschem Fluss.

Lehre die Kinder gehorsam sein,
tue es für den Schöpfer dein.
Tierkamerad bringt Freud' und Lehre,
gib dieser Gottesschöpfung die Ehre.

Zeige ihm den Weg des Menschen,
dass er selbst im Lichte kann glänzen,
zu reifen nach des Schöpfers Bilde
in diesem heimisch irdischen Gefilde.

Denn auch dich zierte einst ein Fell,
du strecktest dich zum lichten Quell,
nun ein Mensch geworden immerdar,
bringt man dir das tierisch' Wesen nah.

Drum achte es wie deinesgleichen,
nur so kann es zum Segen gereichen.
Kein Unterschied, ob groß ob klein,
hat jedes Wesen schon eine Seele fein.

Einerlei, wer diese Hülle bewohnt,
werte nicht, liebe gleich, es lohnt.
Einst werden sie menschliche Wesen
und dir, wie du selber warst, begegnen.

Dann gnade dir Gott, falls du gefehlt,
hast bereits dein Schicksal gewählt.
Aber sicher warst du in Liebe zugetan,
und genießt nun den Segen aller fortan.

♣

Traumwelten

Abends legst du dich zur Ruh',
willst friedlich schlummern ein,
die Anderswelt schickt dir im Nu
flink ein paar astrale Geisterlein.

Soviel schillernd bunte Bände
das Unterbewusstsein bringt,
als ob es die Welt neu erfände
und mit den Tatsachen ringt.

Verstehe die Bilder als Zeichen
deiner phantastischen Innerwelt,
es kann zur Erkenntnis gereichen,
dies selbst kolorierte Traumesfeld.

Darum achte besonders genau
auf alle Zeichen und Symbole,
es ist persönliche Innerschau,
deine Offenbarung der Pole.

Vieles ist schwer zu ertragen,
hängende Schatten so trüb,
Bilder aus eigenen Tagen
tief drinnen es erhalten blieb.

Sie sollen dich nicht schrecken,
die finst'ren Kellergeister dein,
sondern Taten in dir wecken.
Schau mutig in den Spiegel rein!

Wird Erkenntnis schon bewusst,
nimm sie an und werde heller,
stets du weiter klären musst,
in deiner tiefen Seele Keller.

Viele Bilder helfen Dir,
Blume, Pferd oder Herz,
Mensch sei deiner eine Zier,
überwinde deinen Schmerz!

Tust du wie dir geheißen,
und arbeitest fleißig daran,
wird man den Weg dir weisen,
zu erfüllen den Lebensplan.

Achte die Träume als ein Geschenk,
schüre das Feuer der Leidenschaft,
nimm die Lehre an und überdenk',
was hier ins dich Irdische gebracht!

Weihnachten

Plötzlich ist es da und ich frage mich,
was verursacht mein zielloses Hasten,
Besinnlichkeit ist das gerade nicht,
kurz vor dem Fest, so zu Weihnachten.

Kann ich der Erwartung genügen,
Buch, Börse, Kette oder Krokant,
wird man mich später dafür rügen,
weil mir ausblieb der Verstand?

Das Chaos in der Weihnachtszeit,
kochen, backen, und vieles mehr.
Achtung, alle zum Advent bereit!
Ein unheimliches Weihnachts-Flair.

Im Dauerlauf erreicht mit Müh',
der heilige Abend Jahr für Jahr,
böses Erwachen dann in der Früh',
weil die Organisation noch nicht klar.

Zermürbt ist man am Nachmittag
zu Kirchenvesper und Krippenspiel,
weiß nicht recht, wie einem geschah,
die letzten Wochen waren zuviel.

Warum, weswegen tue ich das,
fällt mir ein und ich werde still,
was verdirbt mir hier den Spaß,
verliert das Fest endgültig an Stil?

Zuerst mal drüber nachgedacht,
grüble ich und werde stutzig,
es hat immer mir Erfolg gebracht,
drum meinen Verstand jetzt nutz' ich.

Weswegen wir feiern, liebe Leute,
ist der Geburtstag unseres Herrn,
vor Budenzauber ihm stets greuelte,
leeres Geplänkel mag er nicht gern!

Lasst uns ergründen den wahren Sinn,
er ist in dir und mir drinnen enthalten,
führt uns zu den wahren Wurzeln hin,
damit sich Individuum kann entfalten.

Will unser Weg enden segensreich,
braucht' es noch viel Mut und Zeit.
tun wir es Herrn Jesus Christus gleich,
dann, mit Übung wird das Ziel erreicht.

Er sprach: „So liebet doch!"
„Tut es auf eure Weise!"
„Gibt es Fragen noch?"
„Marsch auf die Lebensreise!"

Winterbeginn

Nun geht das Jahr zur Neige,
raue Winde wehen bitterkalt,
letzte Blätter tanzen ihren Reigen
durch den frostig kühlen Wald.

Mir wird nun heimlich bange
vor dieser großen Dunkelheit,
die Nächte werden ziemlich lange,
verschollen des Herbstes Heiterkeit.

Bald fallen die ersten Flocken,
verdecken der Erde müdes Gesicht,
wollen hinaus den Menschen locken,
wo der Schnee liegt schon ganz dicht.

Wenn ich es mir recht bedenke,
diamanten glänzt der Schneekristall,
bedeckt jede Höhe und tiefe Senke,
jungfräulich erblüht ist es überall.

Eine weiße Zuckerglasur
schmückt die Felder weit,
festlich glanzvoller Überzug,
im silbern gewirkten Kleid.

Flocken fallen auf die Hand,
wirbeln scheinbar ziellos umher,
großes, weites, kristallenes Land,
endlos wogendes Zuckergussmeer.

Von drinnen schau' ich dem Treiben zu.
Was die kleinen Wesen wohl bewegt?
Sie kennen nicht Rast noch Ruh',
bis die Felder restlos sind bedeckt.

Die Erde hält nun Winterschlaf,
sammelt all' ihre Kräfte neu,
bereitet vor die nächste Saat,
erwartet den Frühling getreu.

Angesichts der weißen Pracht
überkommt mich ein Entzücken,
taghell erleuchtet die Kälte der Nacht,
ihr Glanz ist gar himmlisch berückend.

Erkenne nun des Winters Sinn
als Schlaf vorm Neuerwachen,
alles hat seinen festen Termin,
dafür sorgen göttliche Wachen.

Ich lehn' mich zurück und genieße,
was gestern noch verdrießlich schien,
warte ab, dass neues Leben sprieße,
im Rhythmus, wie die Gezeiten zieh'n.

Bald grüßen die lauen Lüfte erneut,
geben der Hoffnung einen Schimmer,
bald sich der Mensch an Blüten erfreut,
denn ewig Winter bleibt es nimmer.

♣

Zahlenmysterium

Der Zahlenreigen ist uns rätselhaft,
unendliche Mengen tanzen umher,
Genialität der Ziffern ist beispielhaft,
als Kodierung für's Gestirnenheer.

Das Irdische ist ein Rechenexempel,
Bravour kosmischer Mathematik,
die Einfachheit trägt Gottes Stempel,
Reife und Erkenntnis sind ihr Trick.

Die „**Eins**" ist die erste aller Zahlen,
genussvoll lebt sie Schöpfungsgröße,
bringt das Urgemenge zum Strahlen,
verhüllt der „Null" die Chaosblöße.

Unerschütterlich ist ihr starker Willen,
Widerstände, Grenzen kennt sie nicht,
ihr Wissensdurst ist nicht zu stillen,
Mut und Stolz zeichnen ihr Gesicht.

Ein tapferer Pionier ist sie fürwahr
und duldet keine zweite Position,
legt den anderen die Fronten klar,
Vorwärts, ohne Rück-sichts-Ton!

Der Mühen Ergebnisse sind ihr Maß,
Weisheit gesammelt durch Empirie,
mit den Andern macht das Teilen Spaß,
wenn sie ihre Leistungen vergessen nie!

Die „**Zwei**" nun weiß es ganz genau,
mit ihrer Macht und ihrer Größe,
nur die Zweisamkeit macht schlau,
versteht der „Eins" nicht ihr Getöse.

Sie bietet souverän den Pol,
das Gegenüber für die „Eins",
sie ist der Sulphur zu dem Sol,
sonst wäre da wohl keins.

Dualität baut auf die Materie,
Belebung aller Gedanken, Ideen,
weil die Matrix sonst nicht wäre,
würde die Schöpfung ungescheh'n.

Meine Weisheit scheint euch sanft,
mein Rückenhalt ist hart wie Stein,
die „Eins" als Gegner mich empfand,
dabei will ich ihre starke Stütze sein.

„Eins", „Zwei", „Drei" im Bunde,
versammelt sich die starke Kraft,
die rechte Summe aller Wünsche,
ist in mir, der „**Drei**" als Macht.

Harmonie nur durch mich entsteht,
durch Zügelung begehrender Kraft,
Neid meiner Vorgänger rasch vergeht,
helfe ich Ihnen mit Takt und Bedacht.

Die „Drei" ruht in sich wahrliglich,
liebt Überschaubarkeit und Grenzen,
erträumt ein reiches Füllhorn, sicherlich,
welches ergießt sich aus dem Ganzen.

Wir sind ein treffliches Triplett,
vollkommen in unserer Beziehung,
zusammen, meist zielstrebig und nett,
Eigensinn ist meine Vergnügung.

♣

Die Elemente vereinen in sich,
Feuer, Wasser, Luft und Erde,
das kann die „Vier" gar königlich,
damit der Mensch sich draus erhebe!

Ordnung und System sind mein Ziel,
Chaos ist aufs Ärgste mir verhasst,
ich spare und hüte der Dinge soviel,
Trost und Hilfe sind mir keine Last.

Ich empfange nicht die Weisung
der gnädigen Nummer „Eins",
Eigenschöpfung ist Verheißung,
das ist mein Gesetz, sonst keins.

Ich bin Fundament und Basis,
für jede der Zahlen sicherer Halt,
solang' Vertrauen in mich da ist,
bin ich Pflichtbewusstsein in Gestalt.

♣

Die „ **Fünf**" ist ein wahrer Herrscher,
verbildlicht sich stets als Pentagramm,
sie ist der Schöpfung wahrer Wärter,
aus ihr entsteht alles Lebens Stamm.

Neues schaffen und Wahrung des Alten,
das gehört zu meinem Lebenszweck,
ich bin inneres Wesen aller Gestalten,
und verhelfe jedem auf seinen Fleck.

Nicht das fünfte Rad am Wagen,
beschreibe ich mit meiner Signatur,
kann auf alle Fragen Antwort sagen,
doch Lösung sollst' finden selber nur!

Etwas Rücksicht erbitte ich von allen,
mein Innenleben ist zart strukturiert,
Ideen und Talent verstehe ich zu ballen,
Genialität mir Tag und Nacht suggeriert.

♣

Die „Sechs" gebiert die Sonne,
ihr Wesen die Venus bezirzt,
strahlt vor Sinnlichkeit und Wonne,
wohl dem, der gut beschürzt!

Mit Leichtigkeit und Bravour,
verbinde ich zuunterst mit dem Oben,
Einfachstes versehe ich mit Glamour,
dafür muss mich die „Vier" sogar loben!

Mein Wirken ist das Strahlen,
empfangen aus kosmischem Gral,
es profitieren alle Kameraden,
von der ersten bis zur neunten Zahl.

Reichlich habe ich jedem zu geben,
auch wahllos ergießend im Schwall,
versüße und erwärme ich das Leben,
allen, die mich mögen, in diesem All.

Die „Sieben" ziert ein Glorienschein,
sie führt die Sonne der „Sechs" zum Ruhm,
vom Nimbus umhüllt wird ihr klares Sein,
Glückseligkeit entspringt ihrem Tun.

Unstet und vergänglich man sie schilt,
Bewegung, Änderung sind ihr obligat,
überschießender Esprit aus ihr quillt,
sie meistert prächtig den Zahlenspagat.

Neidvoll sieht zuweilen die „Vier"
das segensreiche Treiben der „Sieben",
Erfolg entleert sich wie ein Füllhorn ihr,
und bereitet erquickliches Vergnügen.

Mysterien längst von ihr entschlüsselt,
Symbole kein Geheimnis länger bergen,
die Träume vom Märchenbaum gerüttelt,
können Imaginationen wirklich werden.

Eine mächtige Zahl ist die „**Acht**",
Herrscher endloser Möglichkeiten,
stolzer Besitzer universaler Macht,
Magier in den kosmischen Weiten.

Polarität hat sie zweimal quadriert,
„Acht" erhellt das Antlitz der „Zwei",
die Verwandlung sie oft ausprobiert,
ihre Masken sind keine Zauberei!

Schwarz und Weiß vermag sie zu einen,
gleichsam ein Meister aller Extreme,
Verbündeten der Zahlen hat sie keinen,
gleichsam ein unsterblicher Boheme.

Ich, die „Acht" bin die Lemniskate,
die göttliche Sieben ist mein Neider,
doch es ist um diesen Ehrgeiz schade,
meine Göttlichkeit bringt mich weiter!

Die „**Neun**" sich schier unfassbar gibt,
entgleitet oft dem höheren Maß,
eigene Gesetze sie achtet und liebt,
schöpft ihre Formen ohne Unterlass.

Sie ist der Meister der „Acht"
die selbst vollkommen sich wähnt,
ein Feuerwerk der Energien entfacht,
doch die „Neun" sich Stille ersehnt.

Nur dort ist fruchtbar ihr Walten,
durch Lösung chaotischer Struktur,
allein sie ihr Werk muss gestalten
als Verfechter der Neunersignatur.

Bewusst des ewigen Wandels,
erlöst sie irdisches Begehren,
Meister des Energien-Handels,
kann sie den Obolus vermehren.

♣

Zahnweh

Ganz unterschwellig und leise
meldet sich ein Zahn, der Weise,
lang ihm rumort 's schon im Gebälk,
er meint, sein Leben sei nun verwelkt.

Noch erfolgreich es der Mensch negiert,
bis häufiger er es nun deutlich verspürt,
nimmt bunte Pillchen ein und Tränke,
damit er an den Schmerz nicht denke.

So laboriert er Wochen hin und her,
traut seinen Sinnen oft nicht mehr,
bis eines morgens kräftig rebelliert,
was er so lange kraftvoll ignoriert.

Mit argen Groll- und Angstgefühlen
beginnt ihn das Gewissen aufzuwühlen.
Für heute plant er jenen Arztbesuch,
es ist ein schwerer, mutiger Entschluss.

Nun sitzt er in der grauen Morgenfrüh'
ganz blass auf des Zahnarztes Gestühl.
Der Mann im weißen Kittel ihn beäugt,
und ihm sein volles Mitgefühl bezeugt.

Allein dies kann ihm nicht helfen weiter,
denn schon verschafft sich Platz der Eiter.
Es hilft nunmehr kein weher Klageton,
denn längst steht fest das Urteil schon.

Es verlässt der Zahn den stolzen Besitzer,
zur Seite stehen ihm trostvolle Gesichter.
Diese können nicht helfen noch raten,
nur das Ende dieser Sitzung abwarten.

Der Patient bleibt mit dem Schmerz allein,
jetzt muss er wirklich ganz tapfer sein,
manche Träne er nun verdrossen schwitzt,
seine rote Wange glüht und ist erhitzt.

Noch dauern die Qualen lange Tage an,
ehe der Patient neuen Mut fassen kann,
prägender Vorsatz wird rasch formuliert,
damit ihm kein neues Malheur passiert.

Man fühlt sich besser, fast wieder fein,
nach trüben, endlosen Tagen steter Pein.
Ab jetzt schwört man auf Zahnprophylaxe,
begibt sich unbekümmert wieder auf Achse.

Hoffentlich hält die Erkenntnis länger an,
sonst beschert sie neues Unheil dem Mann,
schmerzlich er wird an seine Pflicht erinnert,
wenn er leise wieder vor Zahnweh wimmert.

Es ist ein sehr menschliches Gebaren
seit einer Unzahl von tausenden Jahren,
gern zu folgen der Trägheit des Fleisches,
bis Mensch zu seiner Besserung bereit ist.

♣

Novemberwetter

Regennasse graue Tage
verdunkeln das Gemüt,
man empfindet es als Plage,
dass altes Laub vorüberzieht.

Einst war dieses kunterbunt,
präsentiert auf Himmelsazur,
nun ist die getrübte Seele wund,
wartet auf milde Linderung nur.

Kleiner Igel verhüllt sich in Blättern,
zum Schutz vor dem nahenden Frost,
auch er hadert mit solchen Wettern,
dicker Winterspeck ist jetzt sein Trost.

Die Sonne schläft tief im Wolkenbett,
herab hängen nasse Nebelschwaden,
nur am Kamin ist's wirklich nett,
hört man leise den Menschen klagen.

Stetig ist der Wandel der Gezeiten,
jedes Ende einen neuen Anfang birgt,
das Dunkel sich dem Licht muss neigen
und das Selbst auf's Neu wird gestärkt.

So folgt stets auf die Dunkelheit
eine Epoche von hellem Licht,
auch der Winter bringt Heiterkeit
mit seinem klaren Angesicht.

Noch sind wir Zeuge des Vergeh'n,
die Natur zersetzt ihr altes Kleid,
macht Jahresfülle fast ungescheh'n
bis neu ergrünt die Zaubermaid.

Ungeduldig sind auch die Meisen,
umschwirren emsig die Futterstätte,
bekämen jetzt gern etwas zu speisen,
wenn Mensch doch nur Erbarmen hätte!

Novemberabend erhellt mit Kerzenlicht,
schon treiben die ersten Schneeflocken,
finst'res Gemüt nun langsam aufbricht,
kann im Adventsglanze frohlocken.

So dauert das Dunkel nie ewig an,
wird rasch neu belebt durch Wende,
alles bewegt sich vom Tal bergan,
führt die Finsternis zu hellem Ende.